作庭術から近代ランドスケープへ，魅力的な風景を作り上げようとしてきた人類の努力は，
経験や文化から科学へという素朴な進歩主義とされがちだ。しかし風景への感性は，文化や科学という枠組みを超えて，
新しい表現の可能性を私たちに人類に開き続ける。本書はランドスケープデザイン，サウンドスケープデザインの考えを，
デザインの現場から相対化し，文化人類学の視点から新たな風景論・文化論を提唱する。

Toward an Unnamable Landscape
The Anthropology of Design Workshop

北海道大学大学院文学研究科
研究叢書

名付けえぬ風景をめざして

ランドスケープデザインの文化人類学

片桐保昭

北海道大学出版会

研究叢書刊行にあたって

北海道大学大学院文学研究科は、その組織の中でおこなわれている、極めて多岐にわたる研究の成果を、より広範囲に公表することを義務と判断し、ここに研究叢書を刊行することとした。

平成十四年三月

目次

はじめに……1
一　あいまいさ故に魅力的な風景　1
二　あいまいさの特定に向かって　4
三　風景と空間　6
四　風景をいかに対象化するか　8
五　問題の所在　11
六　実践としてのランドスケープデザイン　12
七　手法について——科学技術の人類学の有効性　14
八　本書の構成　15
第一章　風景の魅力と文化人類学……19
一　オープンスペースと文化　20
二　科学技術への懐疑　28

三　風景における科学技術と文化　32
四　空間への抵抗　36
五　構築される風景　43
六　秩序を超える配置　51
七　ま　と　め　52

第二章　作られゆく魅力をどう捉えるか……59
一　空間をめざして　60
二　自覚されない文化をどう捉えるか　63
三　技術者の器用仕事　65
四　独創か抵抗か　67
五　風景構築の紆余曲折　74
六　魅力とエージェンシー　80
七　まとめ——風景の中で揺れ動くイメージ　87

第三章　ランドスケープデザインにおける実践……91
一　デザイナーによる科学技術の再考　92
(一)　住民に向き合う専門家たち　92
(二)　ネットワークの中のデザイナー　93
二　ランドスケープデザイナーたちの試行錯誤　94

目　次

（一）日本における専門家システムの成立　94
（二）ランドスケープデザイン業務の流れ　101
（三）デザイナーたちの試行錯誤　105
1　公園の必要性と系統的配置の破綻　106
2　公園を使うことよりも、実利重視の住民　112
3　形態のわかりやすさが肥大化するデザイン　115
三　風景にまぎれ込む魅力　121
（一）奉仕者としての専門家　121
（二）ディズニーランド化と住民にとって正しいデザイン　122
（三）科学からはみ出すデザイン実践　124
四　まとめ　128
（一）オブジェクトとしての文化　130
（二）非オブジェクトとしてのハイスタイル性　130
（三）目立たぬものは結果として作られるのか　131
第四章　サウンドスケープデザインにおける実践……135
一　音による風景デザインの成り立ち　136
（一）音による風景のデザインについて　136
（二）サウンドスケープデザインの魅力をどう捉えるか　140
二　サウンドスケープデザイナーによる試行錯誤　143
（一）日本のサウンドスケープデザインがめざしたもの　143

（二）サウンドスケープデザイン業務の流れ　146
（三）音のデザイン過程における試行錯誤　148
1　オトの必要性の破綻　150
2　利用として対象化できぬオト　151
3　わかりやすさの拒否　156
三　風景における非オブジェクトの表現　158
（一）オトを含めた全体の表現　158
（二）住民にとっての正しさの動員　160
（三）オトへの実践がめざすもの　160
四　ま　と　め　163
（一）後づけの機能　164
（二）配置による魅力の表現　164
（三）還元されぬ形態　165
第五章　全体のまとめ……169
一　名付けえぬ魅力とデザイン　170
（一）文化によらない風景の魅力　171
（二）名付けえぬ魅力への行為と過程　174
（三）名付けえぬ魅力のとらえ方　178
二　過程から見る風景　180
三　名付けえぬ風景をめざして　183

目　次

あとがき　189
参照文献　4
図表出典一覧　1

はじめに

一　あいまいさ故に魅力的な風景

我々が風景(1)に感じる美しさと呼ばれるような魅力は、彫像などの単一の物から感じられる魅力とは異なる。この魅力は説明しにくく、ともすれば「主観的」などと呼ばれて、造園や建築、都市計画などの分野では排除されることもある。一例として、現代における風景芸術作品の魅力に関する記述を挙げてみよう。

一九八七年、私はドイツのミュンスターという町の野外彫刻展で、レベッカ・ホルンという一九四四年生まれのこの国の女性アーティストによる衝撃的な作品に出会った。古い牢獄の廃墟の薄暗い内部に入り、曲線を成す煉瓦の壁に沿って歩くと、その壁に取り付けられた金属製で電動の細長い槌状の装置が、至る所でカチッカチッと鋭い音を立て、それが辺り一面に響き渡る。廃墟と音響のみによって感じさせられる囚人達の死の運命が、その不在ゆえに却って人間の一般的な存在の様相を暗示し、冷たい壁面に挑む無数の空しい営みに象徴される拒絶的な風景が、訪れた人々をすっぽりと呑み込む。

絵画でもこれまでの彫刻でもないこの不気味な空間内部を体験させることが、彼女の作品のねらいである。ここでは非情な他者のごとく、すべてが死に絶えた世界のごとく、把握しがたい無数の人の群れのごとく、逆に何もない砂漠のごとく、謎めいた迷路のごとく、見えない闇のごとく、風景が展開する。人間に飼い馴らされない恐るべき風景ではあるが、人間の真実を伝えて魅力的である。［中村 一九九二：一五七］

この芸術作品は廃墟や壁などから構成されているが、これら個々の要素が芸術作品として独立しているのではなく、これらの要素全てが相まってひとつの風景となっており、この風景が魅力的とされている。中村によると、この作品には「不気味さ」があり、何かしら説明しがたいものがあり、それが魅力だというのである。風景は、山川草木など幾多のモノからなるが、これら単体での魅力と風景全体での魅力は異なる性質のものである。この引用は著者の主観であろうが、逆にいうと、その風景の魅力は要素に還元できないからこそ、「人間に飼い馴らされない」、つまり捉えがたく、説明が困難な魅力が感じられるのであろう。

このような魅力を持った風景を作り出そうとすることは難しい。どんな形が魅力的なのかが具体的に把握できないし、またどのような手段で作ればよいのかもわからないからだ。この魅力への感覚は、人間それぞれによって異なる個別のものであり、具体的な形態をもって示しにくい。我々がこのような風景の魅力を作ろうとするとき、有用物や危険物、何らかの目印を捜すのと同じように、感覚されている世界を構成している様々な形がどのような働きをしているのかを考える。例えば野に咲く花のよさ、草木と共に土壌や気候のなかで補いあい、調和してその全体は野に咲く花という風景として魅力的とされる。しかし右の評論における風景の魅力は、その構成要素のどれかが担っているとはとても思えないし、要素がどう関わりあっているのかもわからない。それでも全体として感じられる魅力が明快ではないのなら、やはりそれは「主観的」などとされがちである。

文化人類学はこのような魅力を考えるのに適している。私たち日本人にとって取るに足らぬものであっても、遠く離れた異文化の社会では、かけがえのないものもある。日本や西洋の社会では森林風景は自然を表して魅力的とされようが、例えば森林の多いマダガスカルに住むある部族は、森林風景には興味がなく、森を霧がおおいつくし、その上に村落がある風景を尊ぶ[Bloch 1995]。ある社会で魅力的な形であっても、他の社会ではそうではなく、同じ風景の中の別なものが魅力的な場合、それは文化の違いなどと説明される。ここにおいて、風景は文化や社会の未知の一面を明らかにするきっかけとなるのである[Low & Lawrence-Zúñiga 2003: 16]。しかも魅力的な風景は、既存のものとして感じられる場合だけではなく、人為的に作られようともする。引用した風景芸術作品も、その魅力が未知のものとして我々の暮らす社会の中で感じられ、作られるのなら、風景が作られるその背後には、我々がいまだに気付いていない人々の営みのありようがあるのではないだろうか。もしそうなら、それは遠く離れた異文化のものでなくとも、文化人類学の研究対象といえる。

このような風景における説明困難な魅力を、本書では名付けえぬ魅力と呼びたい。一輪の花や御神体などの何らかの社会的、文化的意味が託された形態を、単なるモノと区別する意味でオブジェクトと呼ぶなら、名付けえぬ魅力を反映しているであろう形態は、社会的、文化的意味が託されているかどうか特定できないので、非オブジェクトと呼ぶのが適当であろう。我々にとって名付けえぬ魅力をたたえた風景はこの両者が相まって成立しているのである。

このような風景は、人間の感覚から独立した物理的な存在とはいえない。人間が風景として認知する以前のモノの混在を、風景と区別する意味で環境とするなら、風景は人間が感覚によって組織化する環境の総体と定義することができよう。我々人間は一度に様々なことを感じることができるが、そうした個別の感覚の社会的な構築のされ方などは、通常は意識されない。またこれらの感覚全てを一度に感じるときは、複合的なものが総体として個々人に認識される。この総合的な認識のあり方、つまり組織化のあり方が複数に共有されているとき、人々は同じ環境を同じ風景として共有できるのだ。この風景の中には社会的機能や、文化や、食物といったオブジェクト、つまり複数の人々によって組織化のされ方が明確に共有されたものが含まれている。この意味というのは食べられるとか危険であるなどの、生存に直接関わるものだけではない。例えば狩猟のみで生業が成立する社会であっても、遙か彼方の小石や山に意味づけがなされよう。

これと同時に、同じ風景の中には、それ自体では人間にとって無意味、あるいは組織化のされ方が共有されない非オブジェクトも含まれる。このような組織化のされ方が共有されていない部分にも、我々は何らかの印象を感じることもあろう。このような非オブジェクトも含んで、風景は我々の感覚において組織化されるだけでなく、社会の反映としては説明しにくい魅力があるものとして、人為的に作られるであろう。ここにおいて風景は文化や社会を反映すると同時に、それらを超えたものとする視点が必要となるのである。

二　あいまいさの特定に向かって

ランドスケープデザインは風景の魅力を作り出そうとする科学技術の一分野である。美術史家のキース・トマスによると、イタリアやオランダなどにおいて絵画の背景として描かれた風景は、徐々に主題として描かれるようになり、さらに一九世紀の英国において風景式庭園のように、人工的に作られる対象となった［トマス 一九八九：三九六―四〇二］(2)。ランドスケープデザインは庭作りを科学技術の一分野として近代に成立したものである。以前の作庭術は風景の魅力を、どちらかといえば経験的に作り出そうとし、その技能や作り出された形は文化とされがちである。例えば日本庭園は日本文化を代表するオブジェクトとされるが、これに対しランドスケープデザインがよりどころとする科学技術は、日本庭園の形に何らかの機能や意味が備わっており、それを明らかにすることによって魅力的な風景を作ることができると考える。一九世紀以降の造園学は、対象を庭園から風景全体に拡大し、植物学や地質学、建築学、土木工学を取り入れた学問の対象となった。造園学者の江山正美はこれを近代造園学と呼び、従来の作庭術と区別している［江山 一九七七：一―四］。これはそれまで職人たちの経験に頼っていた作庭術ではなく、科学の光によって規格化された図面などの表記によって、いつでもどこでも造営できる設計とするものであり、この科学によって風景をより「進化」したものとして造営していけるものと考えるものである。風景を機械のような、ある用途に沿った機能を満足するものとして作るやり方を科学技術の方法とするなら、[3] この科学技術の方法においては、名付けえぬ魅力は、いずれは要素に還元され、体系の中に位置づけられようとする。例えば生態系バランスの構築に寄与することが、結果的に風景に調和美を呈することになるといった形でいつかは明らかになるものと期待される。[4] ランドスケープデザインのデザイン(design)という言葉には設計という訳語があてられるが、あえてデザインとする場合、機械設計のような道具的な機能を満足させるための場合とは異なり、このような名付けえぬ魅力をいつでもどこでも同じ表記によって、科学技術として顕在化させた上で作る意味が込められている。ここでは、よりよいオブジェクトとして風景がデザインできるようになることが、科学技術の「進化」ともいえよう。あるいは文化人類学の視点からはこの「進化」はまた、その時々の社会を反映させようとする過程としても見ることができよう。ロバート・ロッテンバーグは、ウィーンの園芸家やランドスケープデザイナーたちによる、雑草を取り除かず、害虫も駆除しないようなエコガルテン(ekogarten)造営の取り組みを、かつて流行した造園様式と同列のものとする。整形式庭園や英国風景式庭園など、庭園デザインの流行は時代によって移り変わるが、そのデザインは常にその時々の思想を形に表そうという努力においてなされたものだ。エコガルテンはこの移り変わりの最新のものであり、これは近代造園学において「進化」ともされる。ロッテンバーグはこのような庭園を「発見的庭園（gardens of discovery）」と呼ぶ[Rottenberg 1995: 160-3]。

同時に科学技術からは「芸術」や文化の現れとされる魅力もある。例えば造園学者の村上修一は近代造園作品の形態的特徴として「明確な解釈が複数同時に成り立ち得る曖昧性」を挙げる[村上 二〇〇二：四〇一]。これは庭園風景を眺める者が移動するにつれて、その者にとっては同じ対象物を見ても受ける印象が違ってくるという意味である。この印象が芸術作品と共通しているという点で村上は、人為的に作られた風景の魅力は近代以降に獲得されたとする。このとき、人為的に作られた風景がたたえる魅力は、科学技術としては捉えられないが、作品自体に「美的」なものとして備わっているはずであり、文化や「芸術」に通じるものとされる。あるいはランドスケープデザイナーの根本哲夫は、境界のあいまいさを日本文化独自のものとして挙げ、このあいまいさをランドスケープデザインに活用することを主張する[根本 二〇〇〇：五六―八]。

つまり風景から感じられ、かつ言及が難しい魅力は、多義的なものが生み出しているとする一方で、これは道具的な機能を持ったオブジェクトをめざすという意味での科学技術が挑戦すべき領域、あるいは科学技術の文脈では対象化できなくとも表現される可能性、また表現する際に参照されるべき枠組みとしての文化や「芸術」が考えられてきたのである。これは風景を構成する非オブジェクト的な部分を、科学技術あるいは文化としての意味を付与することで何とかしてオブジェクト化しようという努力の現れといえよう。

三　風景と空間

ところで人為的に作られた風景は空間とも呼ばれることがある。科学の世界ではこの空間もオブジェクトとして扱われており、特に現代のランドスケープデザインの現場では両者は明確に区分されておらず、これからデザインしようとする対象を空間と呼んだり、風景と呼んだりと、用語の使われ方が混乱しているが、歴史家のスティーヴン・カーンの指摘によると、このような空間の使われ方は一九世紀の終りから二〇世紀にかけて西洋で行われるようになったものである(5)［カーン 一九九三：三二―六］。これらの風景なり空間なりは近代造園学などの設計現場においては、デザイナーたちによって作られる対象としては同じものなのである。

風景にしろ空間にしろ、建築物や自然物などが領域を作り出した結果としての空所を含めた総体は、オブジェクト／非オブジェクトからなる。このような風景について、今までの研究はオブジェクトとしての側面しか見ようとしてこなかったのではないだろうか。

しかしそのような多義的な風景や空間の社会的意味はあいまいである。例えばエドマンド・リーチが指摘するように、社会的に認知される何らかの領域が接するときに、その区域が重なる境界には、不確定なものが感じられる。

日常的で時間的に限定され、明晰分明であり、中心的で俗的な社会的空間―時間の帯が二つあり、その二つの区域を間の境界が区切るわけだが、現実に境界の役目を果たす空間的時間的標識自体は非日常的で無時間的であり、曖昧不分明で周辺的であり、聖なるものなのである［リーチ 一九八一：七五―六］。

このように、オブジェクトと非オブジェクトが組織化されたことによって成立するあいまいな空間も、異質の要素が混在する風景の現れであり、説明が困難な、名付けえぬものである。領域が作られ、それらを個々人が感覚するとき、そこに何らかの組織化を経た風景が現れるが、そこには境界のようにあいまいで不分明な部分が含まれている。そのような不確定な風景は文化人類学を使ってどう明らかにできるだろうか。

四　風景をいかに対象化するか

風景を構成している要素をオブジェクトの部分に限ると、社会の持つ何らかの機能や意味の反映として考察できよう(6)。道具などと同じく、特定のオブジェクトを通して、オブジェクトが成立している社会や文化のありようを明らかにすることができるのだ。実際、文化人類学研究において多いとはいえない風景研究においては、風景の持つオブジェクト的な側面が扱われてきた。例えばパメラ・J・スチュアートとアンドリュー・ストラザーンの研究において風景は、アイデンティティなどの社会的意味を反映したオブジェクトとして扱われている[STEWART & STRATHERN (eds.) 2003]。

風景をオブジェクトとするのは、感覚される以前には無記な存在、つまり単なる物質が、意味を持つ存在として、社会を形成する個々人の中に概念化されるからこそ可能となる。エリック・ハーシュはこの概念化の過程を問題にしている。ハーシュは風景を二つの領域に分ける。日常生活を構成し、否応なく感じられる前景の部分と、想像や歴史上のことがらなど、日常生活において必ずしも感じられない背景の部分である。この背景は、人為的に作られ、社会的に構築されるなどして日常生活の現実に前景として現れることもある。風景にはこれらの両者が混在する。というより、風景を構成する要素は現代における空間のように、程度の差こそあれ全てこの両者の間に存在するのであり、だからこそ風景は物理的な存在に限定されない感覚の世界となるのである。ハーシュはいう。

前景の現実性（foreground actuality）	⟷	背景の可能性（background potentiality）
場所（place）	⟷	空間（space）
内側（inside）	⟷	外側（outside）
イメージ（image）	⟷	表象（representation）

この概念の左の項は変化の少ない構造化された、あるいは慣習的な日常の生活をそのまま反映したものである。そして、右の項の概念は日常生活外のことがらが、様々なコンテクストと様式において経験されるものである［BOURDIEU 1977］(7)（原注――著者）。左の項は右の項とは完全に分離されない形で認識されるが、私はこ

れを風景における認識の(あるいは私たちがこれから認識し得る)「可能性」として扱う。この境界領域の最も純粋な可能性を示しているのは、何もないこと自体だろうが、興味深いことに聖なる地所や地点はしばしば物理的に空地か、誰も住み着いていない広く取られた場所で、人々が暮らし、活動する領域からある程度距離がおかれている。

この表は左右の項からなるが、重要なのはこの二つが完全に分離されているのではないことだ。これらはむしろ対応しながら互いに影響し合い、あるいは相互に移動し合う。日常においてその「社会」の成員が自らの「客観的な」位置を経験として確認するにあたっては、この左右を揺れ動き、自らの位置を確認する。あるいは「背景的」な可能性を参照することによって自らの「前景的」な経験を「何もない場所」に定位するのである[Hirsh 1995: 4-5]。

ここでいう前景は社会的、文化的に構築されたオブジェクトのみで構成される世界であり、個々のオブジェクトの総和として社会的意味が確立しているもの、つまり文化の現れとして考察の対象になってきたものだ。これに対して背景は社会の枠組みを離れても感覚され得るが、その分、社会的意味が確立しておらず、社会の反映のみに終らず、個々人にとって解釈の可能性が開けている。

風景を作る技術や技能においては、オブジェクトを既存の技術の枠内において用いる場合であっても、そこには恣意的な組み合わせや偶然などによる変換が起こり得る。宮武公夫は、科学技術が純粋科学だけでは説明できない多くの文化的要素を持っていることがあると指摘し、この科学技術がもたらした鉄道や鉄橋などのテクノロジーが風景として視覚的に配置されることによって、人々に新たな認識をもたらすことを指摘している[宮武 二〇〇〇:九〇―九一、一五二―三]。風景として人為的に配置されるオブジェクトは、据えられた状況に応じて元のオブジェクトの属する体系とは異なる認識がなされ得るのである。

五　問題の所在

いままでの風景研究は、近代造園学を含めた科学技術からの研究にしろ、科学技術研究を含めた文化人類学にしろ、多義的な風景を要素に分解し、そうして取り出される前景的なオブジェクトを理解することに主眼が置かれてきたといえよう。そして多義的なものは過渡的な状態であり、非オブジェクト的な要素、背景的な部分はやがて前景的なオブジェクトへと還元されたり、科学によって発見されたりするものであった。そのような研究においては、「かくれた次元」をいかに開拓するかが科学研究者や技術者にとって腕の見せ所になる。

既に存在している対象、既に存在している風景に対しては、この手法は有効であろう。しかし、先に引用した風景芸術作品のように、風景を知覚する者がそこに名付けえぬ魅力を感じた場合、あるいはその名付けえぬ魅力を作り出そうとした場合はどうだろう。それを作り出そうとする者は、風景を意味あるオブジェクトとして受容する以外の非オブジェクト的な要素をも感じていることになる。このとき、作り出そうとする対象は名付けえぬ故に多義的であり、作り出される風景は、前景のみとはいえず、背景的な非オブジェクトが混在する状態であろう。

風景の多義性を前景的なオブジェクトとして明らかにするという科学の手法は、常に作られたものに対する解釈となる。しかし名付けえぬ魅力を持つ風景を作ろうとする試みを研究する場合、科学による解釈どおりに、新しい風景が作られているといい切ることはできない。

この名付けえぬ魅力を表現するとはどういうことなのであろうか。それは我々の中に内在するが、いまだ明らかにされていない文化に導かれているのだろうか。あるいは科学技術の法則や、そのような法則では説明できない「美」の反映なのだろうか。もしくは意識せずとも同じ構造に人々を収斂させてゆく「構造化する構造」としてのハビトゥス[ブルデュー 一九八九：二六三]などのような枠組みがあるのだろうか。どれかの問題に還元するにはあまりに資料が欠けており、風景の持つ豊かな魅力の解釈を限定してしまうことになる。

むしろ、風景の名付けえぬ多義性を考えるには、前景的なオブジェクトや背景的な非オブジェクトに還元するのではなく、それら全体がどう成立してゆくのか、つまり多義性を含んだ風景がどのように人為的に作られようとするのかを、そのコンテクストと様式において見つめ直す視点が必要となる。

六　実践としてのランドスケープデザイン

現代のランドスケープデザイナーたちは、自らの作り上げる空間はどうあるべきか、科学技術的な機能を満たすようにデザインすることはできても、名付けえぬ魅力の表現については試行錯誤の状態にあり、この答を主観的で法則性の知れない文化の領域に求めようとする。同時に文化人類学もこれを、前景のみに還元し、前景を構成するオブジェクトを成立せしめている文化の問題として、その構造や機能の有り様を明らかにすることに専心してきた。

しかし、ランドスケープデザインが作ろうとするものには、科学技術としても、あるいは文化人類学的な機能や象徴的意味としても、それらに還元し切れない背景的なものが含まれている。デザイナーたちはそれを魅力として感じる、つまり解釈できない何かを知覚するからこそ、その何かを表現しようとするのである。

風景のデザイナーたちは、科学技術的にデザインを行おうとするが、デザイナーたちの実際の作業は、科学技術に依拠した合理的なものとはいい切れない。だからといって、科学技術に依拠せずに作られた形態を、文化にのみ導かれたものとすることもできない。どちらにも還元できない魅力もまたデザイナーたちは感じているのである。この点に注目してデザイナーたちの試行錯誤を観察すると、科学技術からも、文化からも見過ごされてきた風景が感じられ、作られてゆく過程が浮かび上がってくるであろう。

ピエール・ブルデューは、たとえその行為の結果が同じであったとしても、行為自体は様々に異なっている場合のように、社会的な枠組みを一様に想定することになじまない多様な行いを、実践(practice)と呼んで評価する。[Bourdieu 1977: 22]。田辺繁治はこのような実践を、社会に新しいものを加えてゆく行為の可能性を見出せるとして評価する。人々は社会の規範や構造や慣習に従いつつ、同時に社会の反映とは異なった自律性をもって行動する。人々の行為は何らかの法則や規範にのみ従っているだけではなく、人々が「行為するそれぞれの場面に応じて能動的に社会にかかわりながら社会的世界を構築していく過程」[田辺 二〇〇二：三]と捉えることもできるのだ。

この過程として風景デザインをみると、それは既に構築されてしまった社会的なものの反映としては説明し切れない風景が作られる実践過程が浮び上がってこよう。風景の中に名付けえぬ魅力を感じ、表現しようという行為も、このような実践と不可分のものとして捉えることができる。特定できない魅力を表現するという行為において、何らかの枠組みが先行して存在していると考えると、その表現行為を行う当事者が試行錯誤を行うことはあり得ない。しかしデザイナーたちはこの試行錯誤によって魅力のある風景を作り出そうとしているのである。こう考える根拠は、筆者自身、ランドスケープデザインに関わり、デザイナーたちがいかに形態表現に腐心しているかをこの身をもって経験してきたからである。科学技術や文化によって魅力が決められているのなら、デザイナーたちはもっと簡単に魅力的なデザインをオブジェクトとして完成させることができるはずだ。追って詳しく述べてゆくが、実際のデザインにおいては逆である。

このデザイン過程を理解するにはむしろ、風景における魅力を、社会的な意味があいまいで背景的な要素を含めて作り出してゆく過程としてみることが重要である。たとえ科学や「文化」がその魅力を前景的なオブジェクトとして明らかにしても、デザイナーたちは、常にその解釈をすり抜けた名状しがたい背景を魅力として表現しようとし、それはオブジェクト／非オブジェクトの集積した風景として表現されるのだ。ハーシュのモデルにおいては、背景から前景へと風景が構築されてゆく過程が問題とされる。これに対して本書では、デザイナーたちが、前景的な要素を材料として、風景の背景的な要素を表現してゆく行為を問題とする。この過程を風景デザインにおける実践の過程として考え、オブジェクトとして定位された形態要素や、定位されない非オブジェクト的なものを創り出してゆく実践の過程を調査することで、名付けえぬ魅力を持った風景が生み出されるランドスケープデザインの姿が明らかにされてゆくであろう。

七　手法について——科学技術の人類学の有効性

都市機能を満足する公園緑地(8)といった風景や空間を作る専門家であるデザイナーたちは、その風景や空間をいかに感じ、いかに作り出すのだろうか。この過程には科学技術によってオブジェクトとして解釈されてきた、風景という概念からこぼれ出た実践行為が介在している。

この専門家としてのデザイナーたちの行為には、彼ら彼女ら自身が依拠していると信じる科学技術のみでは体系づけられないブリコラージュとしてのデザインがある。また、だからといって文化の範疇だけに収めることもできない。文化人類学の中でもブルーノ・ラトゥールやスティーブ・ウールガーらの研究に代表される科学技術の人類学と呼ばれる分野は[e.g. Latour & Woolgar 1986]、遠い異文化の人々ではなく、このような近代社会における専門家集団を研究対象としている。この分野は科学技術の専門家集団にあって科学技術の文脈では説明しつくせない、未知の社会的側面を明らかにしてきた。

風景の中の「名付けえぬもの」は、科学技術あるいは文化どちらにも還元できないが、科学技術あるいは文化人類学、この両者とも対象の明確化をめざし、風景がもつ多義性を、純化されたオブジェクトへと還元してきた。しかし文化人類学、特に科学技術の人類学は、既存の科学技術が分節化してきた手法や世界を見直し、醒めたところから世界の理解を可能にする[宮武 二〇〇〇：二〇七]。遠い異文化の人々を研究対象とするのと同じく、デザイナーら専門家によって新たに風景が作られる過程を参与観察することは、科学技術の文脈では明らかにできない風景の側面を解き明かしてくれるであろう。

八　本書の構成

一章と二章では、これまでの文化人類学研究における風景や空間の扱われ方について検討する。デザインの現場において製作の対象とされる空間と同様のものは、近代以前や非西洋の多くの社会においても作り出されている。しかし、これらの空間の魅力の成立について語られることは少ない。ここでは風景を感じることと作ることを、ハーシュのいう〈前景―背景〉の対照モデルとして、実践の過程という観点から再検討する。一章は筆者がかつて『北海道大学大学院文学研究科研究論集』に発表した論文[片桐 二〇〇七]に加筆したもの、続いての二章は、形の文化会から発行されている『形の文化研究』誌に筆者が発表した研究ノート[片桐 二〇〇八b]を加筆修正したものである。今まで考察の対象とされてこなかったオブジェクト／非オブジェクトの総体としての風景をいかに文化人類学の研究として対象化するかを、形態のあり方、成立の仕方が社会の諸要素といかに関わっているかについて考察を加えることによって、本書における研究の視点として明確化する。

続く三章と四章の事例研究は、筆者が視覚による風景と聴覚による風景の共通性を考察して、北海道大学大学院文学研究科の *Journal of the Graduate School of Letters* 誌に発表したもの［KATAGIRI 2007］を発展させたものである。

三章は北海道大学大学院文学研究科北方研究教育センターから発行されている『北方人文研究』誌に、筆者が発表した論文［片桐 二〇〇八a］における新たな事例を加えたものである。この章では公園緑地がデザインされる過程を、筆者自身の経験をもとに明らかにして、考察を加える。ランドスケープデザインと呼ばれるこの現場では、科学技術では対象化できないものが、あたかも科学技術によって導かれたように、その風景に込められようとすることもある。ここでは風景の中で、社会の格子をすり抜ける形で、背景的要素が、専門家たちによって形態として生み出されてゆく実践の過程が示される。

四章は筆者が、『形の文化研究』誌に発表した論文［片桐 二〇〇九］に、新たなデータを加えたものである。この章では三章で明らかになる点を踏まえた上で、音によって風景をデザインするサウンドスケープの製作現場がフィールドとされる。ここでは科学技術や文化からは解釈し切れない風景が表現される過程が明らかにされる。音を使った風景デザインは作曲家、つまり「芸術」という、やはり説明しにくい魅力を作る専門家が行う。しかしこの過程においても、風景は科学技術や社会的なものから自由ではない。むしろ社会的なものがあるから、風景は魅力あるものとして作られようとするのである。この章ではこの実践の過程が示される。

五章では、事例研究を通して明らかになったことがらを踏まえ、風景が魅力あるものとして人為的に作られようとする過程を振り返ることによって、文化や社会に還元し切れない風景デザインの営みへの視点を考える。

科学技術は世界を要素に分解し、その要素の機能を考え、あるいは発展させることによって、新たな形態を作り上げてきた。これに対し文化人類学は科学技術を相対化する視点を提供してきたが、世界を要素に還元し、文化としてその機能や意味を特定するという手法においては、ラトゥールの指摘する純化された近代(purified modern)[Latour 1993: 10-2]を志向してきたといえるだろう。しかし、我々が風景に何かを感じるとき、そこには社会によって規定された環境のみではなく、社会に依拠しつつもランドスケープデザイナーの実践によって生み出された風景があるのである。ここにおいて風景のデザインは、社会的なものの構築にとどまらず、それを離れたものとしても可能となっている。このような社会に新たな魅力を加えてゆく可能性をもたらすフィールドとして、文化人類学からの風景デザインを考えてみる。

(1) 「景観」「眺め」などという用語もあるが、本書では、これらのうち「風景」という言葉を使うことにする。「景観」は景観生態学などにおいて、物理的存在として扱うときに使われる傾向がある。「眺め」「眺望」などは高所から見下ろすときに使われると考えたためである。

(2) 日本における風景概念はこれを移入したものである。美術史家の藤田治彦は、一八七六(明治九)年に設立された工部美術学校(東京大学工学部の前身の一つ)に教師として招聘されたイタリア人画家のアントニオ・フォンタネージ(Antonio Fontanesi, 1818-1882)の講義において、「土地のながめ」という意味で使われたイタリア語のパエザージオに、学生のひとりが風景という言葉を訳語として与えたのが、日本において風景という言葉が公文書に使われた最初の例だと推定する[藤田 一九八九：四―八]。

(3) 通俗的にいわれる通常の理工諸学(医学・理学・農学・工学など)のことである。これらを科学と総称してしまうと文化人類学も含む場合があるので、本書では科学技術として区別した。

(4) これに関連して造園学者のジョン・オームズビー・サイモンズは近代の造園学について、生物としての人間が生活を営むための環境を探求していく学問と捉えている。彼は園芸植物や家畜の生育環境をいかに作るかについての研究は多いのに比べ、人間のそれについては少ないことを挙げ、造園学がその研究にあたるべきと主張する[サイモンズ 一九六七：五―六]。

（5） カーンはこのような空間を、あたかも何もない領域に、何らかの意味があるかのように扱われる点で、それまでの空間とは区別し、積極的消極空間（Positive negative space）と呼んでいる［カーン 一九九三：三二一―三三二］

（6） この状況はむしろ場所と呼ぶ方がより適切である。場所という概念は会合の場所、地図における町丁目、危険な場所というように、人口に膾炙され、操作可能な一個のオブジェクトとして我々に使われている。

（7） 筆者注：社会学者ピエール・ブルデューは、ある社会集団の行動や、その行動の結果が示す傾向のことを様式（form）と呼んでいる。ハーシュはこの考えを援用し、その傾向を成立させている諸々の状況をコンテクスト（Context）として予見しているのである。

（8） 二〇一三（平成二五）年度現在、日本においては、公園は都市公園（営造物公園）と自然公園（地域制公園）に大別される。都市公園は都市公園法を根拠に土地が取得され、整備される。自然公園は自然公園法によって私有地も含んで指定される。本書では都市公園のみを公園として扱う。また緑地などを含む場合は公園緑地と記述する。

都市公園　住区基幹公園：主に市町村によって整備される。以下の三種類がある。

街区公園（面積約〇・二五ha）、近隣公園（面積約二ha）、地区公園（面積約四ha）

広域公園：主に都道府県によって整備される。面積五〇ha以上の公園

国営公園：主に国土交通省によって整備される。面積一〇〇ha以上の公園

以上の他に運動公園・緑地・緑道・墓園など様々なものがある。

自然公園　国立公園：環境大臣が指定、環境省が管理する

国定公園：環境大臣が指定、都道府県が管理する

都道府県立自然公園：都道府県が指定・管理する

第一章　風景の魅力と文化人類学

近代造園学を含む現代の自然科学において、風景や空間における名付けえぬ魅力が科学技術における機能や要素として特定できない場合、その理由が文化に求められるのは無理もない。ではこのような風景あるいは空間の成立要因について、科学技術の技法が取りこぼしたものは、どのように研究されてきたのだろうか。

もともと西洋において風景と空間は異なる概念であった。一六世紀頃には画題のひとつであった風景（英語では landscape）は絵画の要素から、実際の田園などの賞賛へと移り変わり、エベニーザー・ハワード（Ebenezer Howard 1850-1928）による田園都市などのユートピア計画に受け継がれていった［Hirsh 1995: 2］。一方、空間という概念は、アリストテレス（Aristoteles, B.C.384-B.C.322）以来の歴史があり、一八〜一九世紀には、数学・物理学の分野において、力の加えられた物質が運動する範囲としての慣性系の意味で使われる学術用語であった［ヤンマー 一九八〇：一五三］。これが一九世紀に公園や建築などを含んであたかも人工物として作ることのできる(1)空間となった［カーン 一九九三：三二―三］。そこには風景も含まれている。

科学技術の世界においては、空間を含んでの風景が、公園や建築、都市といった施設としてデザインの対象となることが「進歩」である。これに対して文化人類学の手法を用いた研究においては、科学技術が施設として対象化し切れていないものを明らかにしてくれるとされてきた。風景には科学技術からは捉えられないが、我々が感じることができる魅力があり、それは現代における空間のように、人為的に作られようとする。このような風景の成立ちは、従来の文化人類学においてどのように研究されてきたのだろうか。

また、日本や西洋を含む多くの社会において、風景や空間を設計する専門家、つまりデザイナーたちは魅力的な形態を作ることを期待されている。このときの魅力は先に挙げた風景芸術の観賞において我々が感じる、主観的で多義的な経験でもあり、近代造園学の考えをもとに形態を作る場合であっても、このような魅力は作られているのであり、当の専門家たちが、自分たちでは気づかなくともこの魅力は表れるのである。では近代造園学が自明としている近代以前~近現代の「進歩」の流れとは別個のものとしての非近代・非西洋の社会における風景や空間はどのようなもので、どのように研究されてきたのかを次に見てゆきたい。

一　オープンスペースと文化

空間という呼び名がなくとも、非近代の伝統社会においては、日本や西洋における公園や広場といったオープンスペースと酷似したものが人為的に作られている。あるいは人為的に作られなくとも、集住生活を通じて結果的に形成されている。これらの事例は空間のように見えても、西洋社会における空間とは異なり、科学技術からは思いもよらぬ文化的、あるいは背景的なことがらを我々に気づかせてくれる。

クロード・レヴィ=ストロースが南米・ボロロ族の集落において発見したのが、このような意味の世界であった。ボロロ族の集落を上から見ると家屋は環状に配置され、各戸の出入口はその環の中心を向いており、車輪を思わせる配置である(図1-1)。

ボロロ族の家屋は明確な用途に基づいて、意図的に配置されたものではない。しかしこの配置は社会生活や儀礼にとって重要な意味を持っている。環を構成する家屋の連続が作る弧のまとまりは一つのクランを形成し、環の中心を通って反対側の弧を構成する家族と婚姻関係を結ぶ。このような複雑なシステムと家屋配置の関係は当のボロロ族の誰もが理解していなかった。宣教師が集落の配置を直線状に変えさせたところ、彼らは精神の拠り所を失い、次々にキリスト教へ改宗したという。レヴィ＝ストロースはこの例を挙げ、社会の反映としての集落配置の重要性をいう［レヴィ＝ストロース 一九七二：一五七―六〇］。

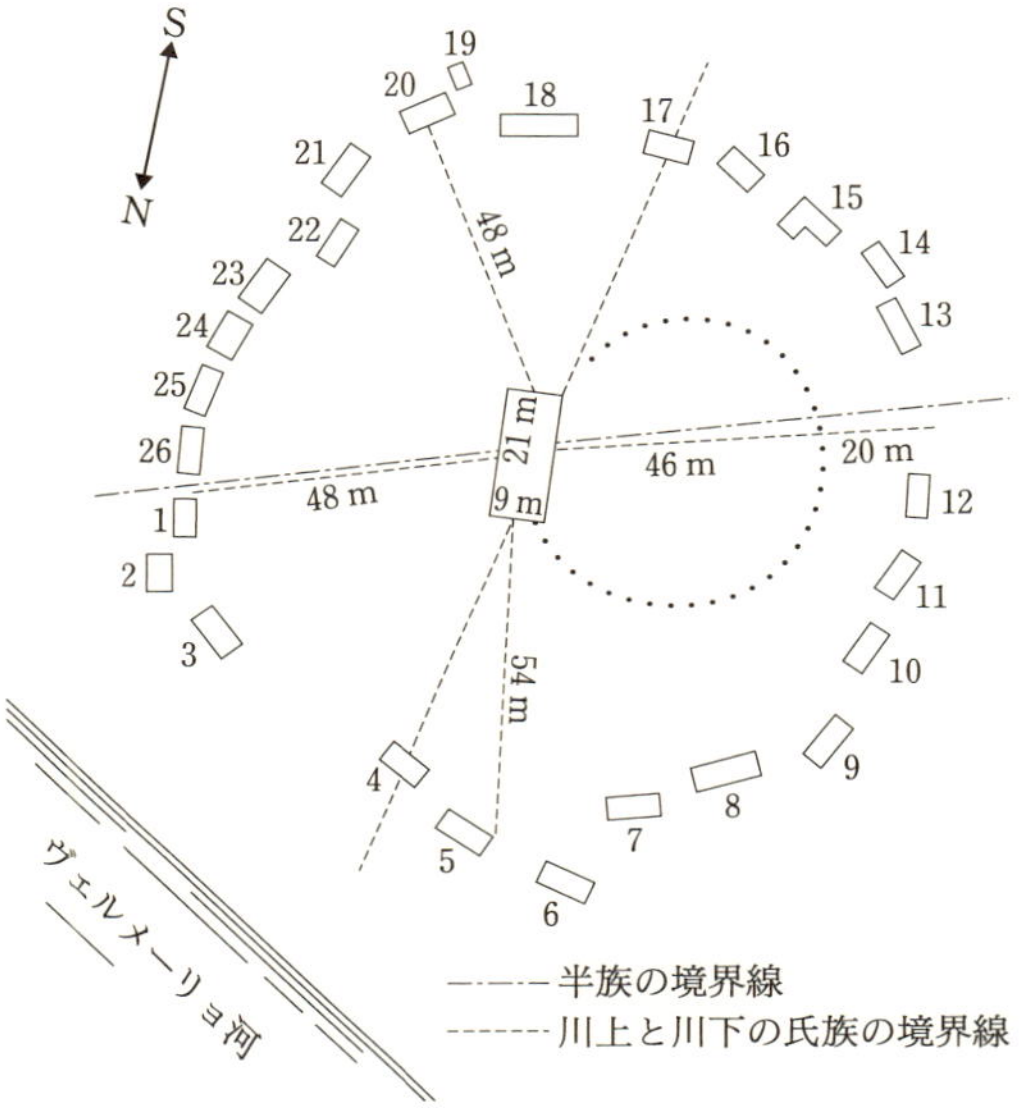

図 1-1　南米ボロロ族，ケジャラ村の平面図

このような空間領域の重要性を伝統社会の特徴としてではなく、西洋社会にも広げて考えるものがエドワード・ホールのプロクセミクス(近接学)といえる。プロクセミクスでは、人間の個体同士が保とうとする距離の取り方やその広がりは空間という形で対象化される。この空間の取り方は、個体が属する社会によって異なる形で構造化されているとホールは主張する。しかし、この構造化のされ方は厳密ではない場合もあり、不明確な空間は常に発生する。何もない部屋やカフェテリアでの家具の配置は、使う人々が自由に行うが、その配置の仕方にも社会によって一定の傾向があるのはその例である［ホール 一九七〇：一五四―九］。こ

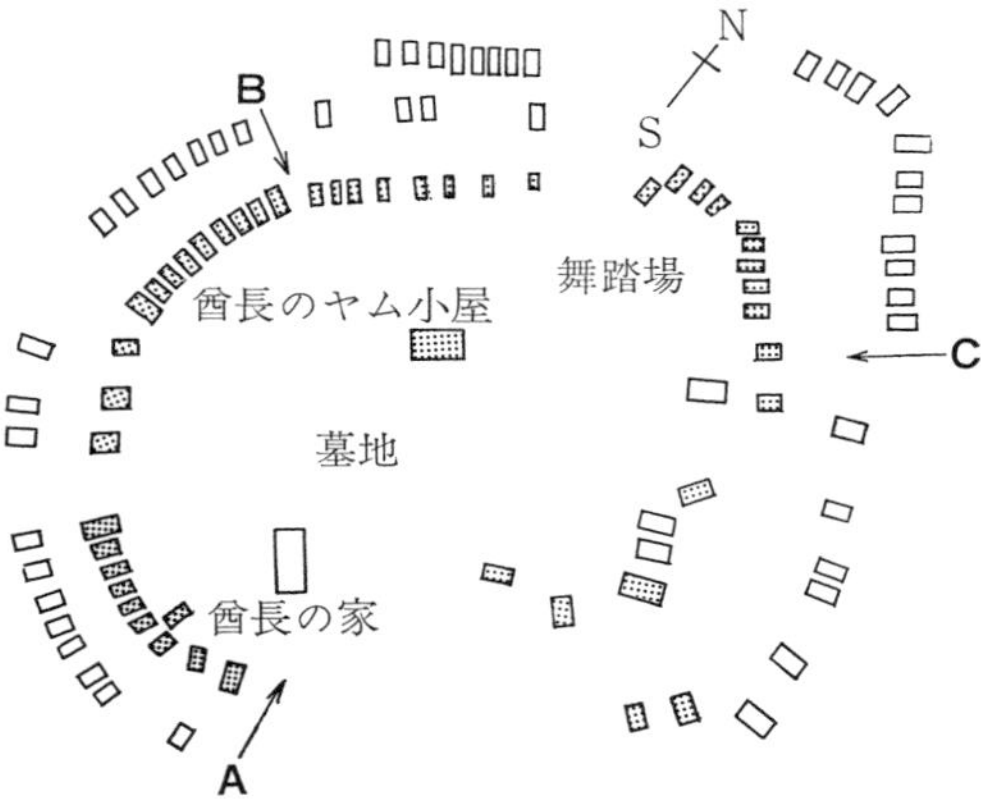

図 1-2　トロブリアンド島，オマラカナ村の集落平面図

れが発展したものがボロロ族のような集落や大都市の事例になる。イタリアやフランスでは広場を中心に放射状の都市が計画されることが多く見られるが、英米では広場を中心に、格子状の都市が計画されることが多い。ホールはこの差異を、文化の違いを考えるきっかけと捉えている［ホール 一九七〇：二〇二―五］。西洋社会だけでなく、様々な伝統社会の集落配置において、環状配置が見られるが［例えばマリノウスキー 一九六八：二四―五］（図1-2）、この環の内側を我々の社会における空間と同等なものとして扱うと、世界には科学技術の視点からは気づかない多様な空間があることがわかる。

プロクセミクスにおいて空間は、個体間が距離を取った結果として成立している。これに対し中央に空間が置かれるなら、自分たちの暮らす世界の中央に、何らかの重要な意味が見出せるかもしれない。自分たちを取り巻く世界の見方は、社会によって異なるが、ミルチャ・エリアーデはその社会固有のモデルを世界樹と呼んでいる［エリアーデ 一九六八：一三二］。社会と呼ばれるような抽象的なシステムの構造を支える大黒柱の如き根幹があり、そこから微細な事象が枝分かれしているというモデルが、都市などの人工環境にも反映されるなら、この人工環境が呈する風景が、社会を知る手掛りになろう。伝統社会の集落や都市でよく見られる中央空間は、このような社会構造の反映とされることが多い。これも背景的な要素を含んだ空間として対象化できよう。もしこれらの空間がエリアーデによる世界樹の比喩のように、社会の諸々を反映しているとしたら、中央空間は社会にとって非常に重要

な場所といえる。

西洋社会においても、自らの居住空間に対して同様の意味づけが行われてきた。西洋諸都市の中央部に見られる広場についての建築史家のポール・ズッカーによる解説は、このことを端的に表している。

スフォルツィンダと呼ばれたフィラレーテの理想都市は、中心から八本の道が放射状に伸びてゆく正八角形として設計されている。スフォルツィンダのこの広場の中央には孤立した塔が建てられ、この広場を核広場にしていた。この理想都市の主要建築物であるカテドラルと総督宮は、広場の周辺の単なる一要素にすぎない。この一般的構成図式は、イタリアのパルマノーヴァ、グランミケーレからワシントン・コロンビア特別区、ル・コルビュジェの輝く都市に至る将来の多くのプランに決定的な影響力を及ぼすことになるのである。それは、事実上大部分のユートピア的なプロジェクトの固定観念になった［ズッカー　一九七五：一五〇—一］（図1-3～4）。

ホールも指摘しているように西洋社会、特にラテン系の都市においては中央部に広場が作られることが多い。建築史家のカミロ・ジッテが、このような都市広場をこれからの都市に活かすべき事を訴えているが［ジッテ　一九八三］、この時、広場は科学技術からは特定できない意味を反映したオブジェクトであり、ズッカーのいうように近現代のパークシステム(2)の祖先である。西洋式の都市はモダニズムの象徴(3)として批判されることもあるが、衛生学や土木工学といったモダニズムの知の体系は、この非近代の秩序に接合したとみることができるのである。

現在の都市に作られる公園緑地や広場などを含めたオープンスペースは中央から周辺へと、樹木や草花があしらわれた街路によって広がり、連結される。このような近代都市空間は、形態やスカイラインが統一された建築

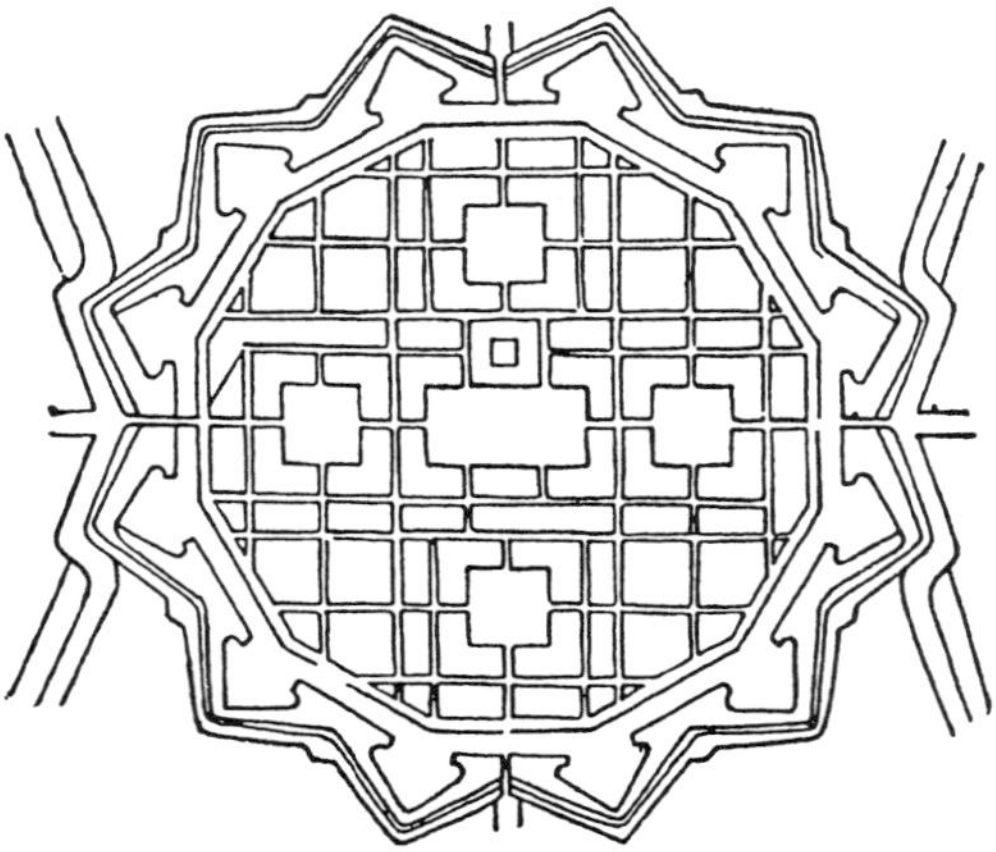

図 1-3　ルネサンス期イタリアの理想都市(1615 年頃)

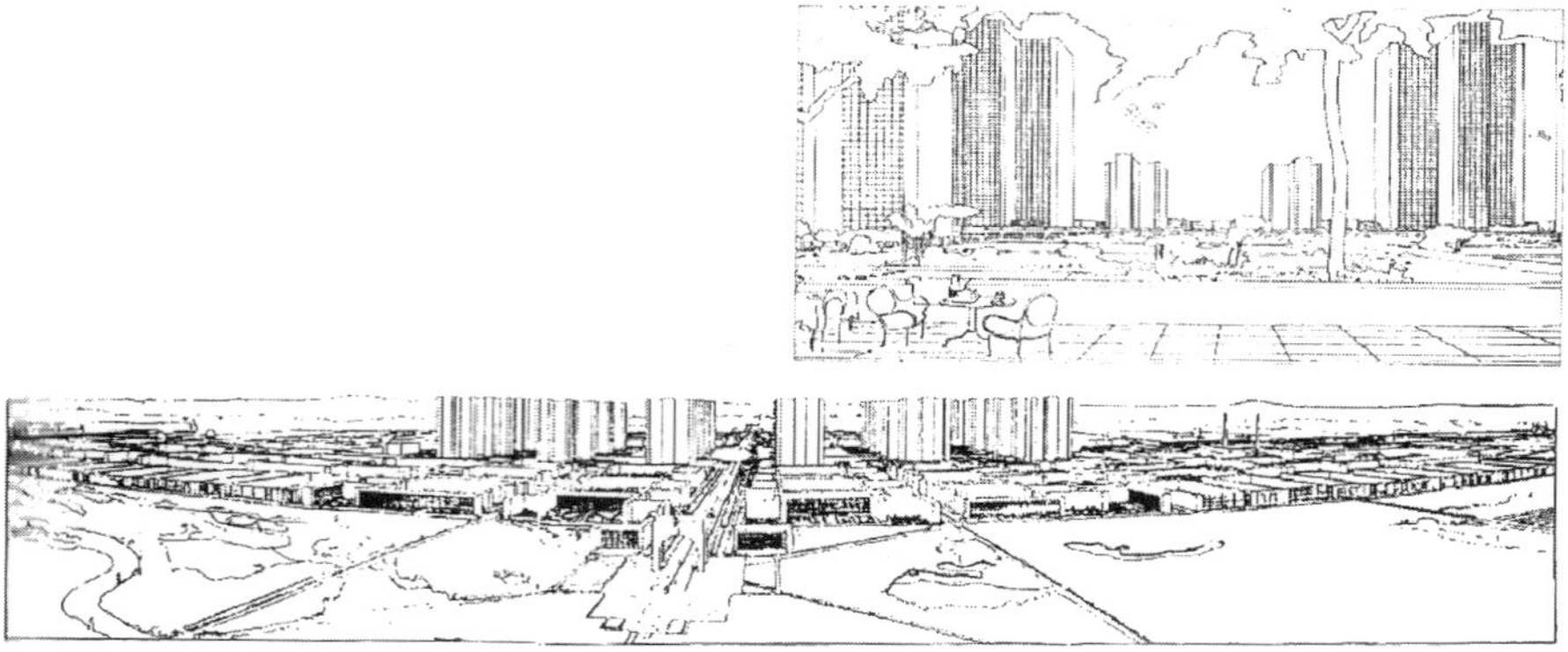

図 1-4　建築家ル・コルビュジェが構想した《輝く都市》(La Ville Radieuse, 1930)

物によって境界付けられ、整然とした風景となって我々の目前に現れる。これは古代ギリシアのアゴラから「進化」して作られた空間と考えられてきたのである。

しかし、非近代・非西洋の社会においても、同様に特別に意味づけられた空間は多い。ジョセフ・リクワートによると、エトルリアや古代ローマにおいては、宇宙の中心を都市の中心に反映させるため、テンプルムといわれる十文字を地面に描き、そこから都市建設を始めた。この十文字を描く行為が儀式であり、十文字の中心が宇宙の中心の反映である（図1-5）。したがって自分たちが居住する都市の中心は、宇宙の中心となる訳である。

図 1-5　古代エトルリアのテンプルム

つまり、十文字を描くことによって、その中心は象徴となるのだ［リクワート 一九九一：一三七―八二］。

リクワートは、古代ローマと同様に、数々の民族誌調査や考古学研究における都市や集落の例を引いている。ヒンドゥー、ブラジルのボロロ族、北米のスー族、オーストラリアのティウィ族、西アフリカのハウサ族・ドゴン族・バンバラ族・マンデー族、古代中国などの諸都市においても、中央に象徴物を設定することによって、都市は周囲へと広がるのである［リクワート 一九九一：二四五―八三］。集落や都市の配置には明らかに当該社会における秩序が反映されていると考えられよう。集落や都市の形態や配置だけではなく、このような空間を見ても、環境の組織化のされ方に、文化の現れを見ることができるのだ。

しかし、同時に注意したいのは、このようなオープンスペース的空間が配置される秩序は、中央から周辺へというものだけではないことである。美術史家のダグラス・フレイザーが多数の民族誌を参照して、伝統社会の集落配置を比較したところ、その家屋配置は環状のものでも、各戸の出入口が中央や特定の方角に向いたり、あるいは家屋が二列に並んだものなど様々であった。このことからフレイザーは、家屋配置には通文化的な法則性は見られないと結論している［フレイザー　一九八四］。筆者と建築家の三ツ江匡弘も民族誌における屋外空間を比較してみたところ、都市や集落の中央や周辺にあったり、家屋から離れて別な場所に独立して作られたり、さらには西洋の場合と同じように、造園され、中央から周辺へと構造化された複数種類のオープンスペース的空間が作られていたりと一定していなかった。またこれらの配置も、科学技術における合理性とは異なる理由によるものであった。これらは西洋社会における空間とは異なるが、西洋社会における空間と比較するために、レヴィ＝ブリュルいうところの前論理[4]にならって前空間（pre-space）と呼ばれた［Katagiri & Mitsue 2006］。

何らかの秩序が中央から周辺へと反映されてゆくというエリアーデの比喩は、そのまま人工環境の地理的な配置には一般的に当てはめられないのである。確かに、その社会に属する人々に認知される上で、中心的な役割と周辺的な役割を果たすものはあるだろうが、今まで述べてきた事例は、よくいわれる〈「中心」対「周辺」〉の対立モデルでは捉えきれない。都市空間は中心により重要なものが置かれ、周辺へとゆくに従ってより低いものへと移行するようなものではないのだ。

日本もその好例である。日本社会には西洋の垂直的宇宙観に対して水平的宇宙観があるといわれるが［村武　一九九四：九一］、全体の配置の中での空間を見れば、日本社会は中心を重視するというよりも、むしろ奥を重視する。この奥については建築家の槇文彦らが言及している。膨大な数の東京の街路を比較検討した研究において、槇らは狭隘な街路は見通しが悪いことによって、かえって奥への想像力をかき立てていることを指摘し、その特質を奥性と表現した［槇ほか　一九八〇］。タキエ・スギヤマ・リーブラの指摘によると、日本では、社会秩序として、奥を上位とするものがあり、これは空間構造にも反映されているのである。例えば旧華族の屋敷では、正面玄関よりoku(奥)が社会的に上位の空間であり、家族の世話をする使用人も上位のものはoku-jyochu(奥女中)と呼ばれる、などである。屋敷の立地も、都市全体の中での配置では、市街地に対してokuを感じさせる立地に置かれている[Lebra 1992]。

日本の社寺境内は、イタリアなど西洋諸都市にある都市広場に相当するものとして挙げられることがあるが、イタリアの都市広場とは異なり、社寺境内は参道と社殿、後背の社寺林からなる。明治大学工学部建築学科神代研究室が日本各地の人口規模一、〇〇〇人程度の町村七箇所を調査した結果によると、社寺境内の配置モデルは、都市の後背にある山裾に置かれ、コミュニティと神社と山を結ぶ動線、つまり参道があり、この動線では祭礼など、西洋における広場に等しい使われ方がなされる(図1-6)[明治大学工学部建築学科神代研究室 一九七五：一八〇]。

つまり地理的にいって、都市の奥が社会的に重要な空間である傾向にあるのだ。この配置には何が反映されているのであろうか。神社境内について、建築史家の青井哲人は、このような神社境内の配置と形状は明治時代に顕著に造営されるようになったものであることを明らかにしている。しかし、このような配置と形状を明確に定めた文字資料は存在していないことから、青木は神社の配置について「言語化を介さず共有化されるような種類の規範」の存在を示唆している[青木 二〇〇五：九三]。この事実は、日本の都市空間について、いまだ知られざる何らかの秩序があることを示すものである。今のところ確かなのは、日本においては社会の反映としての前空間の秩序が集住地の中央を参照しているとは言い難いということだけであるが、この事実は重要である。

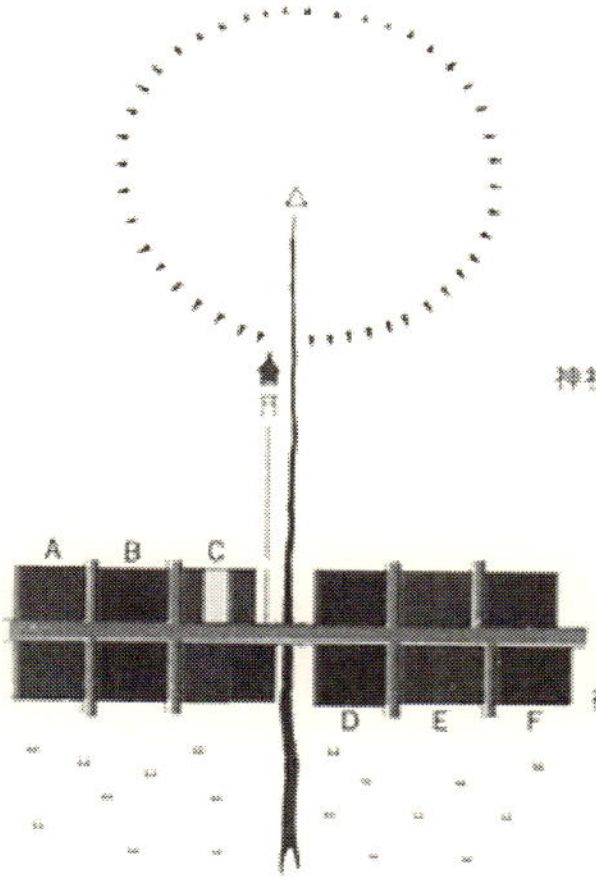

図1-6　日本のコミュニティのモデル図

通常、集落や都市に暮らす人々は航空写真や平面図を見て広場や境内といったオープンスペースを識別するのではなく、あくまで一人ひとりの知覚全体を組織化した上でその空間を認識する。よってこのような空間がどう成立しているかは、社会の直接の反映だけでなく、一人ひとりの目線からの風景も考慮して考えられなくてはならないだろう。しかしこのような空間配置の多様性にもかかわらず、科学技術は、空間をオブジェクトとして扱い、人間の視線を越えた鳥瞰的、超越的な視点から配置した。こうすることによって、中央から周辺へと配置されるオープンスペース的空間のヒエラルキーは、都市計画において前近代から近代へ、さらに将来的に人類が獲得するであろうユートピアまでを貫く、風景デザインの一般原理とされてきたのである。

このような見方は環境の組織化としての風景の可能性を限定してしまう。そして西洋の知を相対化する、文化相対主義を旨とする文化人類学であっても、都市や集落を文化や社会の反映として考える限り、この〈「中心」対「周辺」〉のモデルを相対化することはなかった。

二　科学技術への懐疑

科学技術を駆使して空間をデザインしようとする専門家たちも、これだけでは捉えられないものが風景のなかに存在することを自覚してはいたが、それを対象化することに苦心していた。例えば昭和初期、一九三〇年代の日本において、造園学者の田村剛が都市の郊外を「自然と人文が交錯した文化景観」[田村 一九三五：六―七]として注目しており、現代の造園学者の赤坂信はこの例をもって現代のランドスケープデザインにおいて文化が注目されるにあたっての前史と位置づけている[赤坂 二〇〇五：五九]。しかし、技術者にとっては風景の中のどこに文化を反映するオブジェクトがあるのかを明確にできなければ、文化を表した形態を作ることもできないはずであ

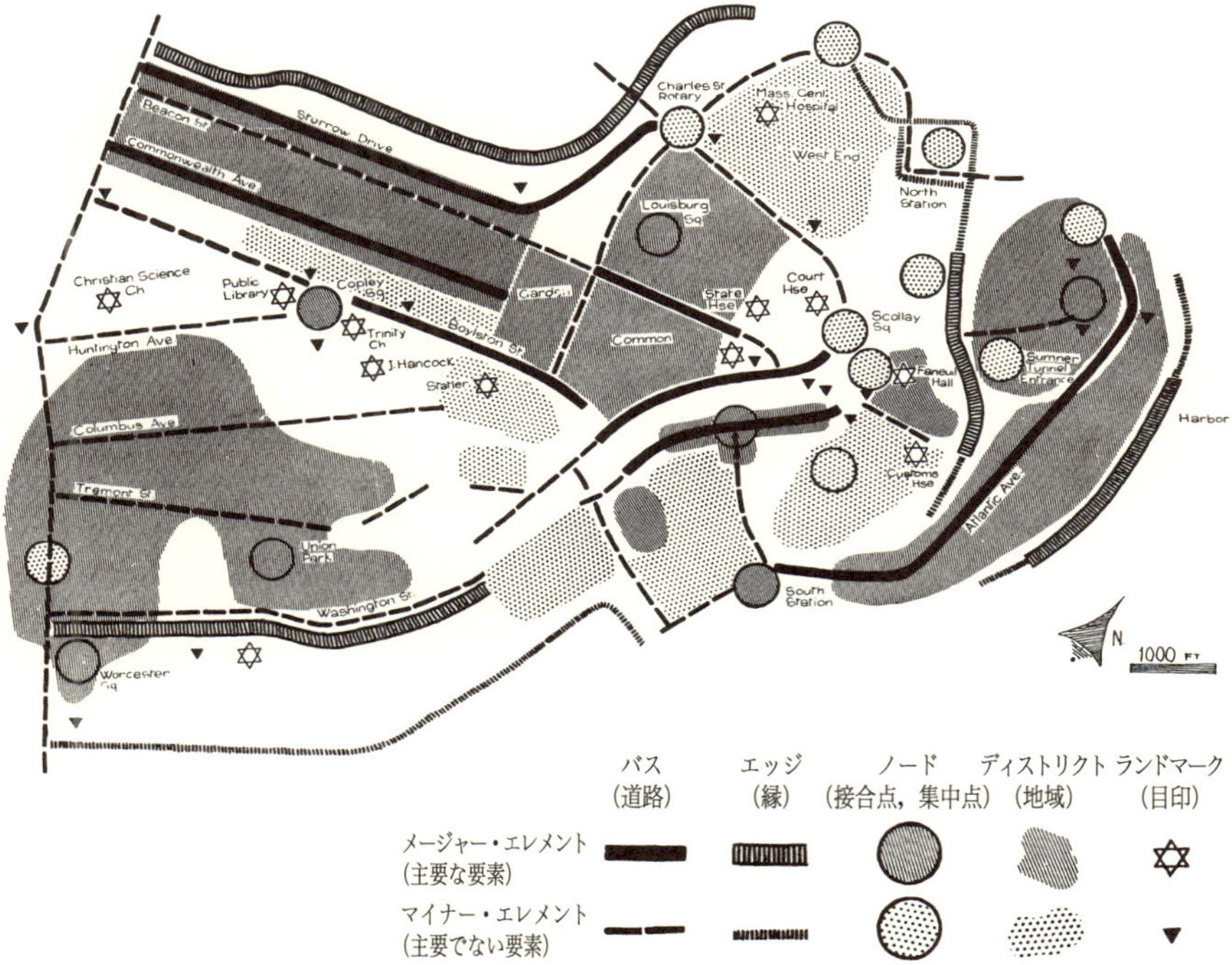

図 1-7　米国，ボストン市住民による町の感覚的な組織化

る。この考えに再考を迫る研究は一九六〇年代に入って、都市計画家ケヴィン・リンチによって行われ始める。これは機能や用途を反映したオブジェクトではないものを風景の中に見つけ出す試みとなったが、同時に都市の「進歩」を無邪気に賞賛するそれまでの専門家たちの態度への異議申立てへとつながるものであった。

　リンチは、質的インタビューとメンタルマップを組み合わせた調査を行い、地域の住民が自らの住まう町をどのように感覚的に組織しているかを明らかにした。これによると、整然と計画された都市であっても、そこに暮らす人々は、都市計画によってナンバリングされた町丁目とは関係なしに自らの環境を組織化し、法則性のある意味づけを与えていた[5]（図1-7）〔リンチ 一九六八：五五—一〇六]。その人たちが目にする風景の中から、その人なりに意味づけがなされた目標物や地点を選択し、特別の意味を与えていたのである。

つまり専門家が想定した利用者たちは、専門家が作り上げたオブジェクトに対し、専門家が想定しなかった受取り方をしていたのである。リンチの研究は、都市計画の視程から抜け落ちてしまった視覚環境を、住民たちが独自に組織化してしまうことを示している。しかもそれは不特定多数の人々によって意識されなくても共有されることを示している。これは現代都市であっても科学技術に基づいた都市計画の想定とは異なる風景が存在する可能性を示すものだ。

風景は個々の人々による操作が可能なものであることを、リンチの事例は示している。人々が意識せずに感覚している様々な形態は、感覚されている全体の像から選り分けられて、社会による規定におさまらない、「イメージ」などと呼ばれる、明快な意味がともなわない感覚となる。彼は豊富な民族誌の事例を引用することによって、社会それぞれにおいて異なるイメージの作られ方があることを指摘した。感覚された形態がどう選り分けられ、組織化されるのか。社会によって異なるその方法を、彼はレファレンス・システムと呼んだ。これによって各人にイメージが想起されるのである。

これらのイメージの組立て方はいろいろに異なるだろう。まず、さまざまな特徴の位置や関係に言及するために、抽象的でかつ一般化されたレファレンス（言及、指示）・システムを用いる方法が考えられる。このシステムには論理的なものもあれば、どちらかと言えば習慣的なものも含まれる[リンチ　一九六八：一六三]。

レファレンス・システムの考えは、風景を作るにあたって、科学技術としては捉えられないような、ともすれば主観的として退けられるものであっても、社会的に共有されるものがあることを示している。このような主観は文化のように、ある地域ですでに共有された定義可能なものではなく、可能性としてのイメージであり、これは本書でいう風景のなかの背景的な側面にあたる。

リンチはこのような主観的な形態情報をフィールドデータとして、社会のひとつのあり方を明らかにするという文化人類学的な手法を使った。彼の研究は、明示的な形態だけではなく、風景を風景たらしめるような、感覚的な環境の組織化があり、それは科学技術における用途などとは無関係に構築され得ることを示している。

同じ頃、都市に暮らす住民の立場からも都市空間への疑問の声が挙げられる。その代表がジェーン・ジェイコブズによる都市批判である。彼女は、無機質な建物が整然と並ぶ都市計画を批判し、古い建物で雑然と構成された狭隘な街路への郷愁を述べた。この中には、住民と専門家との風景の受止め方の違いを示している挿話がある。彼女が、「角の雑貨屋」の大切さを計画家たちに述べたところ、でき上がってきた都市計画図には「角の雑貨屋」だけが残され、その周囲はたっぷりと空間がとられ、他は広い街路と巨大な新築の建物で構成された計画となっていたという。しかもこれを計画した専門家は、彼女の意見を採り上げたことを誇らしく報告したという［Jacobs 1961: 190-1］。このような計画では住民の意見を採り入れたところで、新しく作られた無機的な都市の真っ只中に雑貨屋が突出しているだけであり、これはジェイコブズの抱くイメージと異なっているのだ。笑い話として紹介されたこの挿話は専門家の善意と住民の感覚との齟齬を示すものであろう。このようなズレをどう扱うかについてはいまだに明確な結論は出ておらず、科学技術の言葉に翻訳するのが難しいことは、現在でも変わらない。

ジェイコブズの事例は専門家たちの特権的な立場を難ずるものとしても扱える。後年、文化人類学における民族誌の書き手が、特権的な立場からそこに暮らす人々を描き出すこと自体が問題とされたが［例えばクリフォード一九九六]、このことと共通する点があるように思われる。しかし、この事例は〈「専門家」対「地域の独自性」〉に止まるものではない。科学技術の専門家に地域の特殊性を対置するのは、科学に対して文化を対置する議論と同じである。問題はそのような対立ではなく、人々がどのように空間を理解し、その理解を共有してゆくのか、これをどう捉えるかということである。いい換えれば、既に共有されている前景と、共有されてはいないが各々が感じている背景の狭間で人々はどのように空間を受け止め、作り出そうとしているかである。

ジェイコブズの事例でいうと、専門家と住民がイメージしている「角の雑貨屋」は異なっている。前者の専門家にとっては「角の雑貨屋」はクライアントの主観的な趣向でしかないが、後者にとっては店の建物を含めた街路・人通り・顔見知りの人たちとの交流のイメージであり、これらの統合がたまたまジェイコブズによって「角の雑貨屋」に託されたのである。つまり、雑貨屋を含め彼女が認知しているものが包含した風景をいい表すイコンとして雑貨屋といっているのである。その雑貨屋を含めた全体の風景には、住民たちが独自に共有してきたイメージ、あるいは「言語化を介せず共有化されるような種類の規範」[青木 二〇〇五：九三]があるのだ。しかし事情を知らない専門家は単一のオブジェクトとしての店舗があることによって地域の文化の存在が保障されると思っている。このとんちんかんな遣り取りに、専門家たちは素人＝住民に学ぶべきことが多いということを知るのである。ここにおいて風景における文化は、作り出されるイメージにおける、ある種の調和的な秩序として問題になったのである。

三　風景における科学技術と文化

リンチやジェイコブズの研究は、また科学技術が「後進」と見なしてきた伝統社会にも新たな知見を求める姿勢を、風景や空間の研究にもたらした。この姿勢は、科学技術が捉えられない文化を風景デザインにどうやって活用するかを探る研究(6)、あるいは科学技術をもとにした風景や空間の作り方に文化を対置し批判的に扱う研究、の二つの流れがある。文化への関心という点で両者の視点は同じだが、前者は人間が自らを取り巻く環境を作るという行為を肯定的に捉え、後者は否定的に捉える。風景を扱った文化人類学は、現在に至るまで、この両者の視点を行きつ戻りつしている。まずは前者のものを紹介したい。

環境デザインにおける文化の活用を追求したのはエイモス・ラポポートであった。彼は科学技術が捉えられない文化の有り様が、人々の嗜好を規定し、ひいては人工環境のデザインに影響すると考えた[例えばラポポート 一九八七]（原著は[RAPOPORT 1969]）。ラポポートの研究はこれまでの文化人類学研究と異なり、文化や社会が反映された結果として形態を扱うものではなく、また形態に文化や社会の現れを見るものでもない。作り手の視点に立ち、形態が作られる際に参照される先行事例として文化や社会を扱う点で斬新といえる。新しい形態が作られるとき、その形態はそれまであった形態を反映しているが、作り手や受け手にとっては新しい意味があるものとして作られる。彼は作られた形態要素ではなく、作り手が、新しいデザインとして作ってゆく過程に注目した。

社会によって空間配置は多様であることをホールは指摘したが、同じ社会に属していても、作り手が異なると、作られるものの形態も異なる。よって同じ社会の中であっても、作られる空間は多様になる。現代のデザイナーなどの、建築物や都市などを計画し設計する専門家は、これらを、目的を達成するための道具的な機能を持った要素に分割して設計する。同時に同じやり方であっても、できた形態が異なってくることは避けられない。新しい形態を作るということは、この異なり具合を意図的に調節することだ。専門家は美しい、格好よい形態も作ろうとする。ラポポートはこのような形態をハイスタイル（high style）と呼んでいるが[RAPOPORT 1990: 21-2]、これは異なり具合を意図的に調節することによって実現が可能である。さらにこのようにして作られた形態は、受け手の受取り方も多様である。よって同じ社会に属していても、作り手と受け手の意味づけは異なる。同じ環境に対しての作り手と受け手による感覚の組織化は異なるので、同じ環境に対して、唯一の一般的な意味を特定することは難しい。

環境の重要性は高まる一方で、環境は明快さを失いがちで、文化の他の側面との一致がみられなくなりつつある。つまり、意味が共有され、推測でき、辞書のように使えるというよりは、特殊な、推測不可能なものとなりつつあるのだ。このような問題が絡み合ってますます環境が読みとりにくくなっている[ラポポート二〇〇六：一〇五]。

同時に、前節で見てきたように、建築物や都市などの人工環境、特に伝統社会におけるものは、新しく作り出されたものであっても、それが属する社会の中では形態として一定の傾向性、つまり秩序や調和などが多く見られる。これは現代社会のデザイナーにおいても同じではないのか。デザイナーたちも科学技術や、デザイナーが属する社会からの拘束を受けている。同時にデザイナー自身が拘束を逃れて作り上げた形態もある。

ラポポートが注目したのは、この調和していると同時に差異のある形態が生み出されるプロセスである。彼によるとデザイナーは社会において形成された存在であり、当然にデザイナー自身を取り巻く既存の人工環境に影響されているので、今まで見聞きしてきたオブジェクトの形態をなぞろうとする。この、なぞり方には社会によって一定のスキーマ(枠組み)(7)があり、このスキーマによって作られる形態にも傾向性が出てくるのである。

それゆえに、例えば建築様式のような環境のスタイルとライフスタイルのあいだには概念的にも類似性が

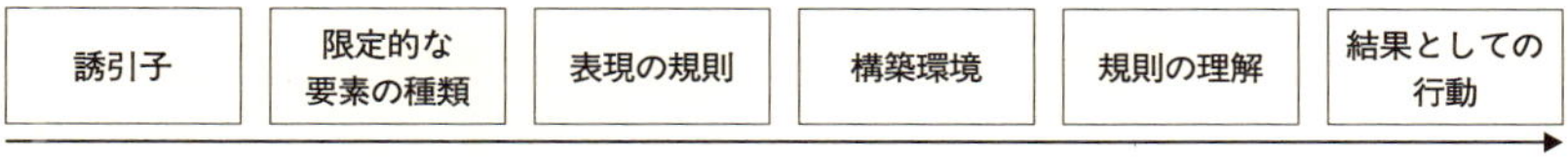

図 1-8　デザイン選択モデルにおける非原語コミュニケーションの例

あり、同時に入手可能な選択肢のなかからの、一貫した選択のセットとして表現されている。筆者はこれを、デザイン選択モデルと呼んできた。この場合の選択はスキーマをもとになされるが、割りあてられた資源のなかでライフスタイルを選択するということと同様である［ラポポート 二〇〇六：一三五］。

しかし、どんな形態をなぞろうとするのかもまた各人によって異なってくる。この傾向性の中の逸脱が「独創」と呼ばれる形態である[8]。この過程は、例えば図1-8のような非言語コミュニケーションの過程として表される。

これによるとデザイナー各人における様々な社会的経験がある。それは作り方のスキーマや、自分の抱いているイメージや偶像、あるいは権力による強制などであるかもしれない。これらは形態を作ろうと指向するための原型で、誘引子（Elicitor）と呼ばれる。作り手にこの誘引子が作用したことをきっかけとして、作り手は様々な材料を動員し、社会によって定められた秩序に従い、これらを並べて形態を作り上げる［Rapoport 1990: 120］。このモデルは社会を反映した個々人が感じてきたものが、どのように形態を持ったオブジェクトとなってゆくか、その個々人を取り巻く社会がどう作用するかを整理したものであり、建築や彫刻など、明快な形として現れるものを考えるにあたって有用である。これは作り手個人における過程であるので、作り手の属する社会が単一なものか多様なものかに関わらず適用できる。

さらに、作られた形態が他の人々にどう受け入れられるかも誘因子の形成に関わる。例えば作られた形態が人々に嫌われた場合は、壊されたり忘れ去られたりで、社会的には他の作り手を拘束しない。こうして作られ、受け入れられた形態が、さらに別の者に影響するのである[Rapoport 1990: 120]。

科学技術が空間を構成する形態を個別の要素に還元し、その意味を特定しても、その要素の形態は、社会を構成する各々の人にとって少しずつ異なった受取り方がなされることは仕方がない。同じ文化の範囲内にある、同じ機能を持った同じ形を、同じスキーマの枠内にいる人が感じる場合であっても、人によって意味が異なってしまうことは避けられない。しかし人々の間に同じスキーマが共有されているが故に、その人々が新しい形態を作っても、その形態が織りなす風景には、ある種の調和を持った傾向性が見出せるのである。

ラポポートの考えは、文化に由来する様々な形態要素を考えるにあたって、その形態には様々なバリエーションがあり、それは文化からの拘束があるにもかかわらず、個々人によって様々な選択の可能性が開かれていることを示すものである。このモデルはデザイナーを中心においている点で、元からある風景の雑多な形態全てを説明できるわけではない。しかし、このモデルにおいて、誘引子が選択されるという考えは、文化や科学技術だけでは特定できない、個々人による形態の作り方の可能性を、選択という行為によって浮び上がらせることができるものである。

このような選択が介在する過程はハビトゥスとして調和的に文化に回収される秩序と同等のものであるが、スキーマなどの社会的な枠組みを前提としながらも、それを超えた形態が作られる過程に注目できるのである。

四　空間への抵抗

西洋化への反省としての文化の重視は、他方において近代批判につながってゆく。リンチやホール、ラポポートに代表されるような、非近代を評価する態度は、科学技術が個々人を拘束するという考えを問い直すことにつながる。その反面、風景を成立させている専門家以外の人々の嗜好や自律性は、常に専門家との対立に行きつくという限界がある。しかし近代批判に重きを置いた研究の限界を詳しくみると、結果的に風景の作られ方には対立を超えるものがあることが予感されるようになる。この点を見てみよう。

ジェイコブズが表明した都市計画への不信は、科学技術の視点からこぼれ落ちても住民にとっては大切な風景への関心を呼び起こしたが、同時に専門家への疑問を提起した。やがてこの疑問は、専門家たちを暴君のように見立て、科学技術が編み出した都市地域計画を告発する研究として現れる。空間や計画といった概念が、伝統社会における集落や建物の造作や配置と対置され、批判され始めるのである。

環境に対する人間の働きかけを批判的に捉えたのが、アンリ・ルフェーブルの『空間の生産』であった［ルフェーブル 二〇〇〇］（原著は［Lefebvre 1974］）。ルフェーブルによると空間は抽象的な存在であり、これを都市や広場といった物理的な実在として作り上げ、維持するためには大勢の人間が意志を一つにして、ある形態へと向かうことが必要である。それは一人ひとりを拘束する故に、政治的であり、強制力が作用する。そして建物や広場など、ひとたび形式が確立されれば、その空間が産み出された社会的な背景よりも、その形式の維持が優先される。彼はこれを空間の論理と呼んだ。空間は抽象物であるが、人々を一つにまとめなければ作ることも維持することもできない。だから空間には、人々をまとめるための暴力が包み隠されているという［ルフェーブル 二〇〇〇：四四三］。

空間におけるこのような秩序は、リンチやホール、ラポポートが追求してきたものとは性格が異なり、人間一人ひとりの可能性を制限するものである。それは支配階級つまり為政者や資本家によって都合よく形作られる世界であり、そこに暮らす住民にとっては押しつけられたものだ。

だが実際に空間を作り上げる計画家やデザイナーといった専門家は、この中で微妙な位置にある。ルフェーブルにとって批判の対象である都市計画に従う者でありながら、その受益者である住民に奉仕するという立場でもあるからだ。

「存在」(9)の下限に近いところでは、空間の生産者たちが、つまり建築家、「都市計画家」、計画立案者たちが互いに論じあっている。だが他方では、この支配された空間にすっかり安住している人々がいる。というのも、これらのひとびとは支配された空間において、交換可能なものと互換可能なものを、数量的なものを、諸種の記号を——つまり資本・「不動産」・暮らしの箱・技術・構造物を——自由にあやつるからである。

建築家はとりわけすっきりしない立場にある。建築家は一方で科学者として、技術者として、特定の枠内における生産者として、反復的なものを頼りにする。だが建築家は他方で、使用と「ユーザー」に敏感な創作意欲に富む芸術家として、差異的なものを頼りにする。建築家が位置するのは苦々しい矛盾の中であり、一方の極から他方の極への限りない往復運動なのである。建築家に課せられた困難な任務は、生産物と作品の間の溝を埋めることである。建築家は紛争を生きることを定めとしており、目前にある知と創造の間のしだいに深まりゆく溝を埋めようとして絶望的な探求を続けるのである[ルフェーブル 二〇〇〇：五六七]。

オブジェクトとしての空間に権力関係を見るルフェーブルの視点は、ミシェル・フーコーとも共通する。都市空間の中央部は社会の中枢であり、それは地理的な広がりを持った社会にとって最も大切な地点である。この代表例としてフーコーが示したのは、ジェレミー・ベンサム(Jeremy Bentham, 1748-1832)が設計した監獄「パノプティコン」である。この円形監獄の建物では、環状に独房が並び、建物の中央部には囚人を監視するためのプラットホームがある。中央部からは独房を個別に監視できるが、放射状に仕切られているので隣同士は見ること

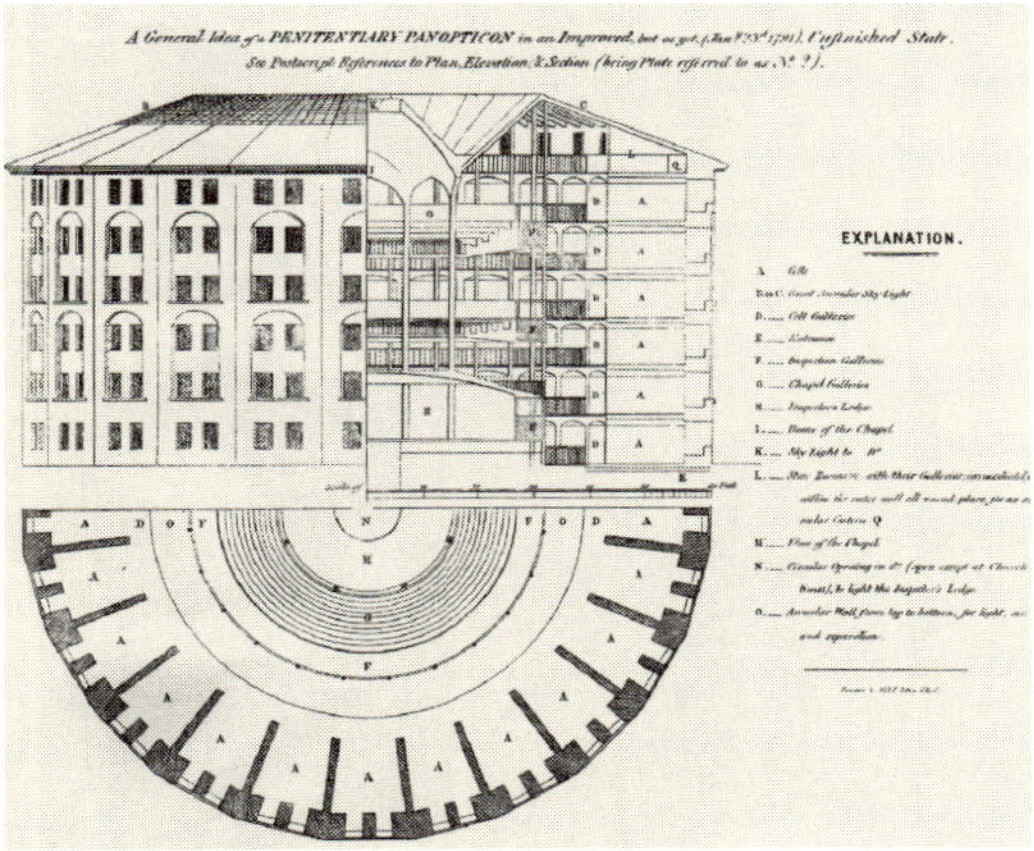

図 1-9　ジェレミー・ベンサムの設計したパノプティコン

ができない(図1-9)。

これは中央から地方へと均質に放射する権力のあり方が、空間において理想的に現れた計画都市の比喩でもある[フーコー 一九七七：二〇三―一〇]。例えば公園緑地は万人に平等に行き渡るように、中央から周辺へのヒエラルキーを持って計画的に配置される。現代のパークシステムは、ベンサムの「最大多数の最大幸福」の考えを具現化している[10]と同時に、中央から周辺へと均質に放射する権力の発露でもある。しかも公園緑地の設置に反対するものは少数だ。緑豊かな公園を拒むものはまずいないどころか、公園の設置に反対したら悪者にされるかもしれない。被支配者が積極的に権力に荷担し、産み出してゆくことを、フーコーは「生-権力(bio-power)」と呼んだが[Foucault 2003: 239-64]、公園緑地の発展は、空間における「生-権力」の発露そのものである。

前述のズッカーのいう通り、この〈「中央」対「周辺」〉の構図は、田園都市やパークシステムも含め、都市計画家が追求した理想でもある。

フーコーの権力論を人工環境において検証したのがポール・ラビノウである。〈「中央＝重要」対「周辺＝従属」〉のヒエラルキーは安定した合理的な社会であり、西洋の都市計画は、いかにこのヒエラルキーを地理空間に投影するか、その試行錯誤の繰返しであった。それが都市の「進歩」であったのだ[Rabinow 2003]。それは、権力者も被支配者も関係なく、多くの人々に素朴に支持されてきた理想でもあった。この過程で地理的な周辺は、被支配者による歓呼の声に迎えられ、中央に従属させられてゆく。

鉄道や電線網、道路網の敷設、あるいは都市のオースマン化(Haussmanization)[11]、これら全ては、権力、社会科学上の知識、空間計画が不可分のものであることを示している。しかしそれは世紀末に向かって、共通した枠組みの中へ構築化されるべきもののように思える。特に一八七〇年のパリ・コミューンの失敗のもと、フランス人は外に目を向けるようになった。イギリスやドイツは、社会を科学的に理解することによって、空間の計画を政治的にコントロールし、都市計画と融合させた。最初に支配的な計画が行われてから、長くはかかったが第二次大戦後までそれは続けられた。しかしその間、様々な都市計画理論が必要とされ、政治学・社会学、文化の要素と結合した形で試された。しかもその多くは植民地の都市で行われた。この空間的／政治的な実験は、空間・権力・知識への新しい試みであったのである[Rabinow 2003: 361]。

このような都市の理想は、その合理的優越性を頼むあまり、優生学と結びつく。例えばウォルフガング・ボイトによると、ナチス時代に計画されたドイツの都市計画は、田園都市に住まうことによって、アーリア人種の健康によい影響を及ぼし、さらに国民を人種的に「進化」させることを期待されていた[Voigt 1989]。

かつての西洋や伝統社会が持つ前空間への再評価も近代批判につながる。ジェームズ・ホルストンは、スペインやポルトガルによって作られた中央広場を持つ植民都市を評価する。これらの広場に面した建物の窓は、建物の中で腰掛けた人の目線と、広場に立つ人の目線が同じ高さになるように工夫して作られた。これは広場にいる人々と、それを取り巻く建物の中にいる人々が、同じ目線の高さで会話をしやすくするための配慮である。これ

図1-10　コスタリカ，サンホセ市中央広場の四阿

らの広場は単なる施設ではなく、ジェイコブズが理想としたような、住民の生活が繰り広げられる空間なのである。これに対して、近代主義による整然とした都市計画がなされたブラジリアでは、機能的に配置されているはずの広場や公園緑地には人は寄りつかない。ブラジリアではより狭いビルの外構空間に露店などが集まり、原始的な広場といってもよいような空間が形成されている。生活の目線からの配慮がブラジリアのような計画都市にはないのである[HOLSTON 1999]。

しかし植民地の都市も西洋による支配の結果であり、弱者の抑圧ではないのか。それは無条件に歓迎すべきことなのであろうか。同じく南米の植民都市の中央広場を研究するセーザ・M・ロウは、この問題について明確に回答している。スペインによって作られた南米諸都市の中央広場は、地元住民にとって歓迎されており、特にコスタリカ国民にとっては愛国と発展の象徴である。

コスタリカの首都サンホセの中央広場(図1-10)はスペインによって建設されたものだが、住民にとって欠かせない社交の場として受け入れられ、独立後は国家のアイデンティティを付与されていった。それが広場を広場として形態的に規定する舗装や植栽のデザイン、四阿《あずまや》などの施設のデザインに反映されている。しかし、このプロセスは行政などの権力による意味の操作だけではなく、住民自身の自発的な操作も含んでいる。この自発性は広場内の四阿において顕著に見られた。この広場にあるヴィクトリア調デザインの四阿が老朽化したとき、コスタリカ政府はモダンデザインの四阿に建て替えたが、住民たちには非常に不評で、ほどなくヴィクトリア調のデザインのものに戻された。国家が「先進」性を四阿に託したのに対し、住民側は植民地主義的なデザインを好んだのである[Low 2000]。

つまり、エリートが中央空間への意味づけを現代的なものへと変化させようとしたのに対し、住民たちにとっては、中央空間は旧時代的な意味づけを持っていなければならなかったのである。これは「抵抗論」的な視点では評価が難しい。この例においては住民は抵抗しているのか隷属しているのかではなく、むしろ空間と人がどのように結び付いているのかの問題であろう。ヴィクトリア調のデザインは行政権力による意味性の操作であったが、同時に権力の意図を越えて、住民はヴィクトリア調のデザインと結び付いていたのである[12]。住民たちにとって中央空間は特別な存在となっており、その形態を変えることには慎重になっていたのである。この事例についてロウは、南米の諸社会においては植民地化される以前から、都市や集落において中央を尊んでいたことを指摘する。

スペイン植民地アメリカの最も初期における広場は、マヤ、アステカの遺跡の上にそのまま作られた。ヨーロッパとメソアメリカの広場のデザインには共通したねらいがあった。それはマヤ、アステカにしろ、スペインにしろ、征服者自身と征服者による市場の支配を見せつけることである。このためスペイン統治下のアメリカの広場は植民地の統治と空間の支配を意識して生産されたものだ。その形態はメソアメリカにおいて独自に発展したものであり、政治・経済のコントロールをめざした、『広場―神殿複合体』ともいえる土着性に由来している。広場と建物の関係性、空間のヒエラルキー、広場の機能はメソアメリカのモデルがスペインの統治に引き継がれ、このことによって空間としての物質文化の象徴的な意味は、メソアメリカ、スペイン両者の歴史・文化を反映しているのである[Low 1998: 867]。

エトルリアの植民都市が中央を重視したように、中央から権力が放射されるというのは、近代に限った話ではないが、中央に重要なものを置きたがる場合、これは政治権力に由来するのではなく、その社会における重要な意味の現れとして見る必要がある。これは政治権力などよりも根が深い、社会的な枠組みの現れといえよう。小林致広はロウより以前に、中央〜南アメリカ諸民族の都市配置において、宇宙の中心を都市の中心に反映させる世界観がある程度共通して見られることに注目している。これらの諸都市では中央に祭祀のための広場が置かれ、その広場の配置秩序は彼らの宇宙観を反映したものだ。よって王や神官など社会的に上位の階級の者ほど、この秩序を厳格に守らなくてはならない。小林はこの世界観を、支配者を支配したイデオロギーと呼んでいる［小林一九七八：三一〇］。

これを文化といい換えてもよいであろうが、この文化に属する者が作り出している人工環境、つまり集落や都市へどのように社会的秩序を反映させているかは、近代、非近代を問わず、一様ではないのである。フーコーの近代都市批判は弱者への視線を開いてくれる。しかし中央から周辺へという秩序のみを、個人を超えた「知の権力」として相対化するのは、文化に科学を対置する議論と同じである。これだけでは風景全体が持つ意味はわからないだろう。また現代の都市に周辺が存在し、弱者がいたとしても、その理由を科学技術や権力に求めるだけでは妥当性に欠ける。むしろそれぞれの空間を生み出した実践のなかに、権力や弱者といった立場を超えるものがあり、それをどう捉えるかが風景を理解する上での問題として浮かび上がってくる。

五　構築される風景

風景あるいは空間を対象とした研究では、風景全体よりも、風景中の顕著な少数のオブジェクトへの意味づけに関心が持たれやすい。しかし風景や空間はその中の少数の形態だけに意味があるのではない。はっきりとした形態をもつモノであっても、それに付与される意味は、先に引用したリーチの指摘のように隠喩的、両義的な場合もある[リーチ 一九八一：四四―六]。このとき、風景中の意味が特定できない、あるいは多義的な形態、つまりハーシュのモデルにおける、背景の可能性も合わせて考えることは可能だろうか。

確かに風景をオブジェクトとして見る研究は社会の一側面を明らかにしてくれる。例えばクリスティナ・トレンによるフィジー集落の研究では、一つの家屋に住まう家族の社会階級が家屋の配置や大きさに反映される。階級が上のものほど家屋の高さが高くなり、また集落の中で内陸側に配置されるのだ。その結果として集落が作り出す風景は、奥に向かって屋根がせり上がったものとなる[Toren 1995]。この事例のように、対象となるオブジェクトが少なければ、そのオブジェクトをめぐる研究はより整理されたものに思える。

空間の作られ方を扱った研究においても、顕著に意味づけられたオブジェクトの構築が問題とされる。ローレンス・J・ヴェイルによると、新興国家において、首都の議事堂には民族のアイデンティティを象徴するデザインが選ばれる。国家のアイデンティティを都市施設に意図的に付与しているのである[Vale 1992]。またペイ＝エイ・グオによると、ソロモンでは、植民地時代に廃れた石の海上建築を蘇らせることによって、観光収入の増加とアイデンティティの両者を満足させている[Guo 2003]。

広場のデザインの成立においても同じことがいえる。妹尾達彦によると、中国の天安門広場(図1-11)は、共産党による中華人民共和国が成立した後、抗日戦争の戦士たちのレリーフが飾られ、「反日」運動を通じた国家アイデンティティが叫ばれるという[妹尾 二〇〇四]。

自然に存在する風景においても、例えばフェルナンド・サントス＝グラネロによると、ペルーの無文字社会ヤネシャでは特定の景観要素(特徴的な峰や川など)へ、神話などの意味づけが継承されるばかりか、作り出されて

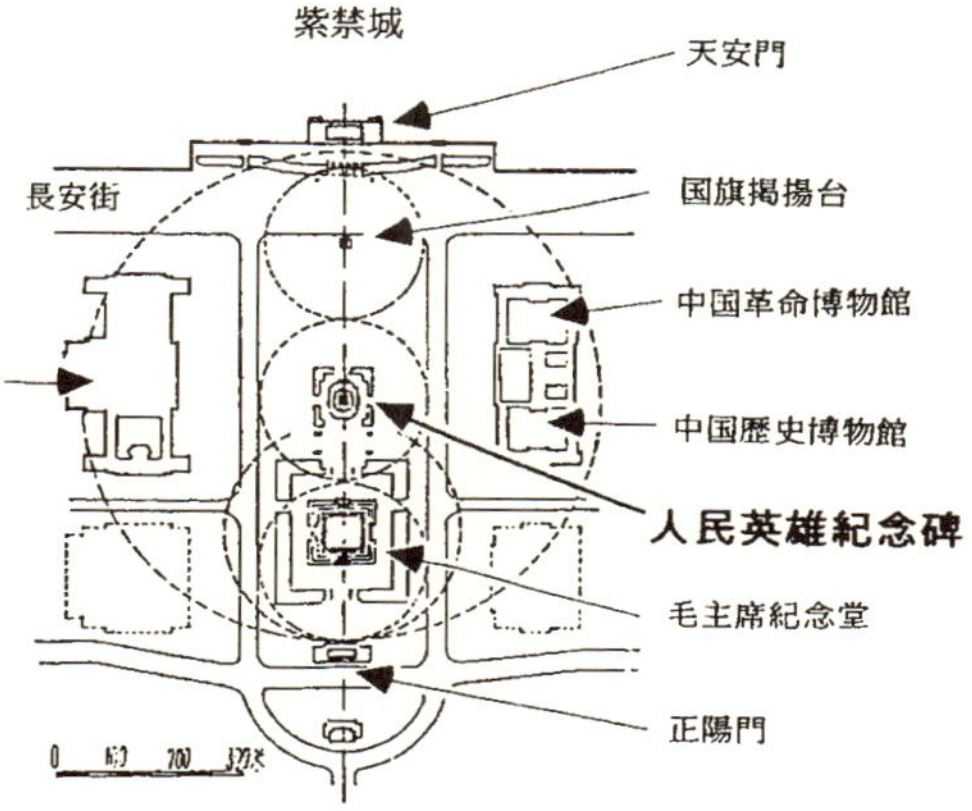

図 1-11　中国，北京の天安門広場平面図

ゆく現象が見られる。サントス＝グラネロが「地形書き込み」(topographic writing)と呼ぶこの現象は、広島やアウシュビッツでの虐殺の結果発生した、風景への新たな意味づけと同種であるとされる［Santos-Granero 1998］。このような研究においては風景あるいは空間全体は、その中の少数の象徴物の構築が代表するものとされてしまう。しかしこれらの研究は、部分によって全体を表す象徴物以外の形態については、感覚されていても記述できない対象として考察の対象から外れてしまう。これでは我々が風景全体から受ける「曖昧不分明」［リーチ　一九八一：七六］な感覚、つまり名付けえぬ魅力についてはわからない。

前節で挙げたラポポートの考えに従うと、少数の象徴物以外の形態であっても、人工環境を作ろうとする者や、それを感じる者に、誘引子として作用する可能性があるのだ。これは、社会の中で機能を持った象徴物として明言できない点で、ノイズ的な情報であるが、ラポポートは、この記述の対象外となるようなノイズ的情報、つまり非オブジェクト的な形態の重要性について次のように述べている。

　しかし、もし現代の環境の多くが明確な意味を失い、解読(手掛かりを理解すること)がかなり困難になっているとしたら、なにができようか？　重要な答えのひとつは、冗長さを増して、メッセージと意味の伝達可能性を高くすることがあるだろう。似たようなメッセージを伝達する異なったシステムが多ければ多いほど、人々はそのメッセージに気づき理解しやすくなるはずである。冗長さは、本来かなり冗長な性格の言語においても重要だが、非言語や言語外のメッセージではさらに重要なのである。なぜなら非言語・言語外のメッセージは言語に比べれば明示的でも明確でもないからである［ラポポート 二〇〇六：一三八］。

このような要素は、風景のなかにあっては解釈の可能性が広く開かれている点で、序章において述べたハーシュのモデルにおける背景的な要素である。ラポポートによる人工環境のデザイン過程において、さらに将来の形態表現の可能性として評価される情報といえよう。風景の中の特定の形態だけを社会的な意味づけがなされてゆくものとして扱うだけでは、これらは解釈し切れないのではないだろうか。

山口昌男はターナーの「反構造」から生まれる意味性を同心円に表したモデルを提示している［山口 一九七五：二〇一―四二］。このモデルの例として山口は都市を挙げる。都市の王宮など重要なものが位置する地点を中心とすると、その周辺には、公的な価値から排除される低い階級の家屋などが広がる。このモデルにおいては、過渡的なものや、社会的に劣位にあるものほど公的な価値から疎外され、周縁へと位置することになる。その反面、周縁は儀礼などの際に重要な役割を果たしたり、「暗闇の、不吉な、不安定な、反文化的、反「人間」的な存在として」社会的に劣位にあるものたちの「想像力が自由にはばたく」［山口 一九七五：二〇二］領域となる。

山口のモデルで風景を考えると、風景中の任意の形態、例えば王宮などのオブジェクト形態は、中心的なものとして社会に受け入れられた象徴といえる。あるいは王宮の形態をまねた広告看板や商業施設でも同じだ。これらは風景の中で目立つものとして現れてくる。それ以外の形態は目立たない、周辺的な形態といえるだろう。

社会の周辺でしかない形態であっても、人間はそれらを風景の一部として作り出している。これをラポポートの考えにあてはめると、人間は、社会的に顕著ではない形態を完全に無視している訳ではなく、背景的なものとして感じていることを意味している。つまり目立たないことによって非オブジェクト的となる形態であっても、個々のデザイナーに対し、誘引子として働く可能性はあるのだ。風景を表現するデザイナーが「言語外のメッセージ」をデザインするということは、非オブジェクト的な形態が誘因子として、デザイナー自身に作用しているということである。それに影響されてデザイナーは、象徴的なオブジェクトに注目する文化人類学者が記述の対象から外すような形態をもデザインできるのである。また記述されないようなものであるが故に、そのデザインは何らかの社会の反映と見なされない。

山口のモデルに、デザイナーの作る形態をあてはめると、社会的な意味性が強い形態は、オブジェクト的なものとして中心的なもののように扱われるようになる。その逆に社会的な意味性が弱い形態は、風景の中の雑多なものとして周縁化され、中心に対して目立たない非オブジェクト的なものとなる。人間にとって前者の形態は社会的な制約が多いが、後者になるほど形態を多様に解釈したり作ったりすることが可能となる。これは風景において〈意味があるもの＝中心的なオブジェクト〉と〈意味があいまいなもの＝周辺的なオブジェクト〉として地理的に配置されることを示すものである。

このとき、科学技術をもとに作られた空間であっても、名付けえぬものを含んだ領域が構築され得る。ゲリー・マクドノーの報告によると、スペインのバルセロナ市では、再開発によって使われなくなった公園や広場、空き地などが、都市住民によって様々な使われ方をされてゆく。マクドノーは、これらの空間が都市住民に加工され、元来持っていた機能と異なる使われ方をされてゆく様に注目する[McDonogh 1999: 359-65, 368-9]。彼は、明確な機能が与えられている公園や庭園などの特定の空間のみを扱うのではなく、むしろ人々が、空いている状態の土地をいかに特定の空間として意味づけてゆくかを問題とした。そして、意味づけられる前の無記の状態を、何もなさ(emptiness)と表現し、何もなさの地理学(geography of emptiness)を提唱した[McDonogh 1993: 4, 13]。

空間は施設や場所としてだけではなく、そうなる以前の何もなさとしても扱えるのだ。

何もなさはモノに付与された象徴的意味だけではわからない社会的合意を持って成立しており、周辺がなければ成立しない。山口のモデルのような中心に対しての周縁の考えは、(場所を含んでの)象徴物を中心として、周辺に多様な意味の可能性をみるものであったが、同時に、何もなさにも多様な意味の可能性を見るものであり、地理的な広がりの中に中心と周辺の対比を活かしつつ、両者が構築される過程を視野に入れることもできよう。

この何もなさだけを明確化するためには、何もなさの境界性が問題になる。デボラ・ペローは、社会活動の結果として立ち現れる、このような空間の境界に注目した。このような空間が西洋の都市広場のようなオブジェクトと化すことはひとつの社会過程であり、そこには何らかの社会的合意が働いている。しかし、社会における都市空間の境界は、社会的な合意によって境界づけられた、概念的な境界(conceptual boundaries)と一致するとは限らない。このとき作り手がその範囲に注目する以前に、既に物理的な環境として存在する境界が作り手に影響するのか、それとも概念的な境界が先なのか。どちらにせよ空間を形成する境界には、社会における様々な意味づけが反映されるのである[PELLOW 1996]。

あるいは象徴物に注目することによって、概念的な範囲の構築を明らかにすることも可能である。特徴的な形態を持った地形や岩石、川などをトーテムの象徴物とするアボリジニは、砂漠を移動するとき、その象徴物の周辺を忌避する。これはオブジェクトを意識(object centered)することによって、境界で区切られない、あいまいなゾーニングが行われていることを示している。ナンシー・D・マンによると、このゾーニングは日常生活のなかで変化してゆくものである。例えば儀式に参加するために移動している人々を目撃することは禁忌とされる故に、その人々が通ると思われる道は忌避される。この移動ルートは一定していないので、忌避すべきゾーニングも変化する。また、白人の活動が許可されている地域にトーテムの象徴がある場合、トーテム自体は地下に潜ってしまい、トーテムがあるとされた象徴物のある場所ではなく、違う場所から出現する可能性が出てくる。よって、それに呼応して忌避すべきゾーニングは変えられねばならない。このように象徴物自体がアクターとして住民に影響することにより、ゾーニングが変化し、新たなゾーニングが形成されてゆく。

アボリジニによる「忌避された空間」は、その時々においての空間時間的な図式において理解されるべきものである。これはアクターの空間的な移動と、地域に根ざした肉体行動との相互作用によって生み出されるのである。この視点に立つと、空間の領域を分析するにあたっての課題は、土地の形態や断片だけではない。また身体的な動作や感覚、位置からのみ境界づけられるものでもない。

この両者の相互作用からくる「変換可能性(transposabilities)」とでも呼べるものが、アボリジニの力点の置き方と、アクターの移動する空間範囲から出現するのである。〔中略〕

さらに、古代から続くアボリジニの場所感覚における日常的実践は、その位置情報と切り離され、具象的なデザインとして再生産される。それは人々、モノ、他の空間の時間的な様相において可動である。したがって、地形情報は(彼らの偶像の形式において)アクターの身体(の彩色)や、他のアボリジニの空間上に(地上絵や地上彩色として)翻訳される。同じようにある人々はそのような彩色形態を見ないように空間を取って、あるいは期間をずらして忌避する。このようにしてその空間は身体化される。いい換えると、時間空間的な変換の方途は人々とその空間の間において様々に可能であり、その方途はアボリジニのしきたりに由来する強制力に沿った形で、様々に空間と時間が忌避のために区切られるのである[Munn 2003: 100-1]。

現代の公園緑地の形成とアボリジニにおける空間の区切られ方は全く同じであるとマンは指摘する。マンは例として一九世紀半ばにニューヨーク市に作られ、以後の公園緑地計画に大きな影響を与え続けているセントラルパークを挙げる。

この公園を設計したオルムステッドとボー[13]は、風景画や文学作品に描かれた風景を園内にあしらうことをめざした。芝生地や森林は、風景画や風景を扱った文学において、アルカディアへの憧れの現れとして特徴的に描かれたが、オルムステッドとボーはこれらを公園の眺めの中へと配置した。この風景はセントラルパークの特徴として人々に受け入れられていった[Munn 2003: 101-2]。これは何もないはずの芝生地や森林を、オブジェクトとして、公園の敷地という広がりの中に定位することによって、人々にとっての変換可能性を含んだ空間を構築したものといえる。

つまり、象徴的なオブジェクト、あるいはその象徴的なオブジェクトとの距離の取り方は前空間的に認識され、意味づけられ、それはまた独り歩きして人々に意味づけられ、特定の場所として構築されるのである。西洋などの社会ではオブジェクトとの距離の取り方が、広場や公園などとして意味づけられている。このような空間においては、象徴物の意味よりも、象徴物の存在することのみが重要な場合もある。

風景の中の象徴物から風景全体の社会的意味を探るとき、象徴物を中心として、その周辺への広がりに留意すると、その広がりの中に背景的な様々な形態が浮かび上がってくる。しかし、ここで中心に対しての周辺という図式をあてはめてしまうと、この〈中心―周辺〉の対比[14]によってしか、名付けえぬものを捉えることができなくなる。この同心円状の図式では奥などといった多様な空間については、概念化できなくなることに注意しなくてはならないだろう。

六　秩序を超える配置

これまでの事例は、風景や空間の成立に関する、科学技術からの見方を相対化し、ラポポートのいうノイズ的な情報、あるいは周辺的なものへの視点を開いてくれた。

しかし、ここで周辺的とされる情報を、中心の位置まで引き上げることは、風景の中の名付けえぬ魅力を明らかにしてくれるであろうか。一人ひとりの人間が、風景の中の全ての形態を、何らかの意味を持った中心的なものとして感じることは、通常の場合、無理である。風景は多くの場合、それを感じる一人ひとりのものにとって顕著な形態と、それ以外の形態が混ぜ合わされたものとなるといえるだろう。

この風景を、意図的に作ろうとする場合、あるいは生活の中で作られてゆく場合、どちらであっても、中心と周辺に分けてしまっては、形態を序列化して配列することになる。これでは序列化による前出の監獄「パノプティコン」の再生産である。

むしろ社会の反映という観点をあらかじめ設定してしまうのではなく、一人ひとりの目線から、風景の作られ方や経験のされ方を見ることによって、周辺や奥などの組織化のありようが見えてくるのではないだろうか。風景を構成する形態全てに社会の反映を予見するのではなく、風景を感じ、さらに作り上げることに参加する一人ひとりの経験から風景を考えるのだ。

こうなると、風景や空間の作られ方について、〈「中央＝重要」対「周辺＝従属」〉というモデルを用いるのでは明らかに不足である。このモデルでは、権力関係を相対化せんとするあまり、「周辺＝従属」を権力の中央に近づけることが倫理的な態度と勘違いしかねない。都市の中央の空間の主役は社会的弱者であるべきとする主張がそれである。しかしこのような近代批判の視点は、空間をオブジェクトとして扱い、それを要素に分類し、序列し直しただけ、つまり王座に座る者が権力者から弱者に変わっただけである。

〈中央-周辺〉の対立図式で人工環境を見ようとする態度の一例を挙げると、都市空間を対象とした「ストリートの人類学」において、提唱者の関根康正は、都市のホームレスに対する視点として、今までホームレスを社会的な弱者（＝周辺的な存在）としてではなく、境界に生きる者として、その可能性を見ようとする［関根 二〇〇七：三―四］。しかしこの見方は、権力関係の中での〈中央-周辺〉に還元されたラベリングを逆転して、周辺のストリートを中心に置き、新たな機能を付与しただけである。この図式では、我々を取り巻く風景の中の背景的な要素は見えず、やはり名付けえぬ魅力には気づくことはできない。

むしろ本書においては、従属した周辺性としては捉えられない要素を捉えることが必要である。〈中央-周辺〉は我々を取り巻く環境を分類し、要素に還元してしまう。この見方を相対化しなければ、多義的な存在は記述されないばかりか、感じることすらされないままである。風景を地理平面として、超越的な立場から見下ろし、中央と周辺に還元するのではなく、中央とも周辺ともされない雑多な形態を捉えようとする視点が必要である。この雑多な形態も人々によって感じられ、誘引子として我々に作用する可能性がある。これは、中央への序列からは自由になり、あるいは中央への序列を予見せずに周辺を見つめることでもある。

七　まとめ

都市空間への批判は、近代以外の文脈において存在している様々な前空間への注目を促してきた。これはまた近代において構築された風景や空間に再考を迫るものといえる。ここにおいては、風景を、科学的あるいは文化的、社会的に構築されたオブジェクトとしてのみではなく、それ以外の要素としても見なくてはならない。つまり形態を持ち人間に認知されるものであっても、非オブジェクトとして感じられる側面を見なければならない。この非オブジェクト的な形態には、個々人にとっては社会を離れての独自の感じ方がなされ、さらにそれらは独自の作り方がなされる可能性を持った誘引子として見ることができる。

このとき、中心に対する周辺の見方は、非オブジェクト的な形態を発見するにあたって有力な考えを提供してくれる。しかし注意せねばならないのは、風景を構成する形態に社会的意味が付与されていることを前提としてはならないということだ。

風景を作る専門家は、風景に込められた秩序をオブジェクト的な要素に分割し、機能を考えるという要素還元を行う。しかし同時に単なる過去の再生産に止まらない魅力を持った形態を表現しようとする。これは伝統を踏襲し、様式化された形態であることもあれば、個人的、主観的な格好のよさである場合もあり、また両者を兼ね備えている場合もある。このようなハイスタイルは要素還元的な科学あるいは技術によるだけでは実現できそうにない。このときルフェーブルは、科学的な手法から逃れた空間を「芸術」になぞらえて、一応の解決策を提示している。

このようにして空間の生産過程が開口部[15]を経て始まる。われわれはこの過程の方向づけを明らかにしようとしてきた。この方向づけは分離と分裂をのりこえ、とりわけ作品と生産物の区別をのりこえようとする。作品とは、唯一のものであり、創造者や芸術家という「主体」の刻印を帯びたものであり、二度とやって来ない瞬間の刻印を帯びたものである。生産物とは、反復されるものであり、反復する身ぶりの、それゆえ複製可能な身ぶりの成果であり、そして最終的には社会諸関係の自動的な再生産へとゆきつくものである。

それゆえ近い将来において重要となるのは、可能性をとことんつきつめて、人類の空間を人類の集合的(類的)な作品として生産することである。人類の作品はこれまで「芸術」と呼ばれるのが習わしであり、今日でもなお「芸術」と呼ばれているが、この芸術に倣って空間を生産することが重要となる。芸術は、個人により、また個人にとって孤立させられた「物」のレベルでは、もはやなんの意味ももたない〔ルフェーブル二〇〇〇:六〇二〕。

ここでいう「芸術」が普遍的なものかどうかは注意が必要であるが、「聖なる中心」やアゴラ・プラザ・公園、あるいはランドマークなど、専門家は人間を取り巻く環境を常に要素に還元し、それを重要度からランク分けして、地理空間上に中心から周辺へと再配置してきた。それは住民に親しまれてきたものや調和した都市景観を守るための努力であると同時に、科学技術の手法としての要素還元であり、また権力の発露でもある。

この科学技術を駆使する専門家も、名付けえぬ魅力を感じ、デザインしようとしており、科学技術や文化だけに導かれて形態を作るわけではない。ここでルフェーブルがいう主体は、社会や科学的な手法によらないで空間を作ろうとする個々の人々のことである。しかし科学技術の専門家も、科学技術の制約を受けると同時に、名付けえぬ魅力を主体的に作り出そうとする。専門家は社会的な存在であると同時に、その専門家の各々は主体も持っているのだ。ここでデザイナーは実践を行う。ルフェーブルが「芸術」と呼び、ラポポートがハイスタイルと呼んだものは、本書でいう、名付けえぬ魅力をたたえて作られた形態といえよう。しかしこの多くの部分は、科学技術や文化、あるいは「芸術」として、要素や権力関係を構成するオブジェクトへと還元されてしまう。

ハーシュのモデルはこれをオブジェクトに還元せずに見る助けになろう。このモデルでは、風景を既に存在している社会の現れとしてしまうのではなく、その風景を感じる人々によって、日々更新されてゆくものとして見ることができるのである。ラポポートのハイスタイルやルフェーブルの「芸術」は、形態としては過去からの「伝統」などを継承しつつ、日々新たに作られている。風景をデザインする行為も、明確な社会的価値観に規定されながらも、様々な形態を作ろうと模索をする実践といえよう。このとき、風景はオブジェクトのみではなく、オブジェクトと非オブジェクトの混在である。個々のデザイナーが感じ、そして表現しようとするものは、たった一つのオブジェクトではなく、このような混在の全体である。

環境が個々人において風景として知覚される、そのあり方は文化によって異なる。しかし、同じ風景の中には文化によって決定されている感覚の仕方の範疇には収まり切れない、瑣末で背景的なものが形態の作り手一人ひとりにおいて認知されている。その感覚は中心に対する周辺としてもカテゴライズし切れないものだ。これはハーシュの風景論におけるモデルにおける右の項「背景の可能性」として扱うことが可能である。右の項「背景

前景の現実性　⟷　背景の可能性

の可能性」は、前景の現実性を構成するオブジェクトになる可能性を持つが、それは社会的に分類され、意味が付与されたオブジェクトだけではなく、非オブジェクトとしての側面もある。一方、人為的に作られた風景は、作り手が表現しようとした意味から独立した形態として、様々な人々に認知され、あるいは解釈され、また社会的、文化的にオブジェクトとして定位されることもあり得る。つまり風景は作られ、社会的な存在となった後に、その中の一部の要素は非オブジェクトからオブジェクトに移り変わることもある。

このような背景的な要素は、科学技術によって対象化することが困難であるのはもちろん、専門家たちが、その知見によって説明することも困難である。しかし、このような対象は専門家のデザイン作業を参与観察することによって記述することができるであろう。科学や文化としてだけでは説明しがたいものであるが故に、それが作られる過程を観察することによって明らかにするほかないのだ。次章では、その手法についての先行研究を検討する。

(1) 日本では一八八一(明治一四)年に出版された『哲学字彙』においてspaceの訳語として空間の語が使われたのが最初で、その意味は「空所ナリ虚空ナリ」とある。しかしこれとよく似た「間」という概念は、明治以前に、既に存在していた。これは物質相互に生ずる間に意味を見出したものであり、その物質に意味を見出したものではない点で西洋の空間とは異なる。哲学者の中埜肇によると、西洋の空間においてはそれを構成する物質に重心があり、日本の場合、中の広がりに重心がおかれる[中埜 一九八九:一四一]。私たち日本人が空間というとき、西洋における空間に、さらに「間」の概念も入り交じった形で世俗的に使われていると考えるべきであろう。翻訳家の柳父章によると、このような「間」は日本人にとっては語ろうとしても語れない領域であり、西洋における等質な空間概念とは異なる[柳父 一九七八:一九三―五]。

(2) パークシステムは公園緑地の系統的な配置計画に対して用いられる都市計画の用語である。現代の都市に作られる公園緑地は少数の大規模公園から多数の小規模公園へとヒエラルキーを持って配置される。これは理想都市における広場配置と同じである。この秩序を持った公園緑地の配置を、本書ではパークシステムと呼ぶことにする。

（3）本書においては、個々の人間が感じることのできる環境全体において、特に目立つ形態や、社会的に顕著な意味性を付与されている形態を象徴物と呼ぶことにする。
（4）レヴィ＝ブリュルは、伝統社会において、西洋人には理解できない習慣や制度を支えている人々の心のありようが、西洋人から見て論理的ではないにしろ、論理が存在していないとはいえない点に注目し、これを前論理的と呼んでいる［レヴィ＝ブリュル　一九五三：九六―七］。
（5）自分がどこにいるのか判断するための目標物であるランドマークや道程を確認する際の起点となるノード（交差点）などが提唱され［リンチ　一九六八：五五―一〇六］、これらの概念は現在の都市計画では自明のものとされている。
（6）建築人類学では、特に文化を表す形態を重視する。人工環境の形態を作る際に、このような形態を取り入れることを、参照する形態の事例が広がるという意味で、選択確率主義（probablism）と呼ぶこともある［Rapoport 1976: 9］。
（7）ラポポートの考えでは、形態をデザインする人間に先行して存在する物質の形態を選択して組み合わせるという行為がデザインである。その選択を行う際にデザインする者が依拠する枠組みを、ラポポートはイメージもしくはスキーマという概念で呼んでいる［Rapoport 1976: 23］。
（8）ラポポートはまた、気候や材料などといった、どちらかというと環境、生態的に決定される要素は、最終的な形態の形成において修正要素として働くとする［ラポポート　一九八七：一二三―八一］。
（9）ここでルフェーブルが存在という言葉に「」を付けているのは、存在すること＝生きるということが、均一ではなく、一人ひとりが違っており、一言では片付けられないことに留意しているからである。彼は、均一な存在のみとなった人間は生なき彫像であると見ている。
（10）今日の造園学においては、これはパークシステム形成への貢献として肯定的に捉えられている［例えば杉尾　一九九五］。
（11）ジョルジュ＝ウジェーヌ・オースマン（Gerrges-Eugène Hausmann, 1809-1891）は現代都市計画の元祖とされる技術者のひとり。一九世紀のナポレオン三世によるパリ大改造において、パリの都市計画を担当し、土地取得・建築規制・上下水道・交通計画・公園緑地計画を系統的に行い、現在のパリの整然とした街並を実現した。ラビノウのいうオースマン化とはこのような整然とした都市計画による都市造営をさしている。
（12）ロウとアーウィン・アルトマンは、このような現象を個所密着（place attachment）と呼んでいる［Low & Altman 1992］。
（13）フレデリック・ロー・オルムステッド（Frederck Law Olmsted, 1822-1903）とカルバート・ボー（Calvert Vaux, 1824-

1895)はセントラルパークを設計した人物である。特にオルムステッドは、公園を設計する職能に対して、それまでのGardenerではなくLandscape Architectという言葉を使った世界最初の人物であり、Landscape Architecture(造園学)という分野の開祖とされる。

(14) この点で、調査対象の風景写真や平面図は非常に重要なデータとなる。このようなデータの中には調査者や研究者の解釈を超えた情報が隠されており、それが将来的に明らかにされるときの基礎資料となり得るからである。しかし民族誌報告では、調査者の解釈に必要な、オブジェクトだけの記述の場合が多いのが残念である。

(15) 社会的に占有・管理され得る空間であっても、その社会からは見落とされている側面が存在する可能性がある。ルフェーブルのいう開口部は、このような任意の空間において占有や管理を逃れている一側面のことである。

第二章　作られゆく魅力をどう捉えるか

科学技術や文化によっては顕在化させられないもの、つまり本書でいう名付けえぬものが魅力あるものとして、人間によって作られようとするとき、これをどのように研究の対象とすればよいのだろうか。これを単に形態に付与された意味として問題にすると、それはやはり、近代造園学を始めとする科学技術の方法と同じになってしまう。またこれをルフェーブルのいう「芸術」〔ルフェーブル 二〇〇〇：六〇二〕としてしまうと、作品という社会的な分類に、名付けえぬ魅力を押し込めるだけとなり、これでは問題の解決にならない。またルフェーブルのいう「芸術」においては、過去に存在した形態の継承は考慮されていない。

一章で見たように、これらのカテゴリーに入らないが、一人ひとりに感じられているものとして、背景的なものが挙げられよう。しかしこれが明確な形態として作られる過程については、いまだに明らかにされていない。

これはつまり、多義的なものを認知し、それを新たに表現するという行為の可能性と困難さを示している。風景や空間のデザイナーたちは、科学技術や文化によって顕在化された手法やことがらを設計図面やコンピュータのスクリーン上に描き出す。空間はこれに沿って作られるのである。空間を形作るこの過程はどう理解すべきなのであろうか。ラトゥールとウールガーによる実験室研究は、科学技術がひとつの目的のために細かな要素が積み重ねられ、一分の隙もない構造体として作られているかのような見方に検討を迫った。風景のデザインという行為のプロセスを明らかにする際に必要な視点となるのが、この科学技術の人類学の手法である。これによって、科学技術としての風景デザインからこぼれ落ちた問題を明らかにできるであろう。本書の場合、風景デザインの中に、いかに科学や文化の文脈から排除されたものを捉えるかが重要となる。本章では、今までの科学技術研究の流れを振り返ることによって、この点を整理したい。

一　空間をめざして

ルフェーブルが述べたように、人工環境を形作るデザイナーは、過去の形態を反復すると同時に、今までとは異なるものを創造する芸術家である。そこでは過去の反復は権力の反映であり、差異的なものの創造は権力から逃れることである。ルフェーブル以後、人工環境の形態を作るデザイナーは、権力に向かっては民衆の代弁者であり民衆に向かっては権力の代弁者となった。デザイナーはまるでローマ神話のヤーヌス神のように二つの顔を持っている。しかもそれだけではない。デザイナーは芸術家として作品を作らねばならないのである。リンチやジェイコブズ以前の時代は、デザイナーたちは民衆と権力の板挟みに悩むことはなかった。この頃に専門家のエトスを、社会の中で考察した最初の例はロバート・K・マートンの研究であろうが、その研究は当時の科学者についての視点を代表している。

科学技術の問題を専門家社会の過程として考える際に、マートンが科学技術者のエトスとして挙げた四点、共有制(Communalism)・普遍主義(Universalism)・利害の超越(Disinterestedness)・組織的懐疑主義(Organized

Skepticism)[マートン 一九六一：五〇六―一三]、すなわち頭文字をとってCUDOS（キュードス）と呼ばれるエトスはデザイナーの倫理観にもそのままあてはまる。建築家などのデザイナーは人工環境としての風景の形態形成にあたる専門技術者であり、彼らは常に最新の科学技術の知見を行使することを期待されているし、デザイナー自身、倫理的に潔癖であるほどこの傾向は強い。そして人工環境の形態表現においては、一章で挙げたルフェーブルのいう唯一無二の「芸術」は、この科学技術の専門家としてのエトスを発揮することによって達成されるであろうと多くのデザイナーによって信じられている。そして、科学技術が素通りしてしまうような住民の視点などは、普遍主義や組織的懐疑主義によって科学技術が「進歩」する結果、克服できると考えられている。技術者としてのデザイナーのエトスは科学技術の専門家をして均一で共有可能なオブジェクトの生産へと向かわせる。しかし同時にルフェーブルの言葉を借りれば、デザイナーは「「ユーザー」に敏感な創作表現に富む芸術家として、最適なものを頼りにする」[ルフェーブル 二〇〇〇：五六七]。つまりデザイナー自身は、科学技術の枠組みとは異なる形態を表現することを期待されている。マートンの議論は、科学の専門家集団の内側におけるエトスをうまく説明しても、科学技術に由来しない形態の作られ方については説明できない。この部分をどう捉えるかが、デザイナーたちにとって難しいところである。

　例えば一章で、中央の権力を批判したフーコーは、秩序によって理想化された人工環境をヘテロトピア(heterotopia)と呼んでいる。図書館や博物館、庭園などオブジェクトがある秩序に沿って配置された世界、あるいは建物の高さや街区割りが、何らかの秩序や理念によって明確に整理され、調和した都市景観などはこの中に入るだろう[Foucault 1986: 24-6]。

　デザイナーのエトスは常にこのヘテロトピアに向かっている。ヘテロトピアを実現するということは、現時点の社会の理想を空間に反映させることにほかならない。それは現代の都市のように空間として明示的に作られるものであっても、ボロロ族のように暗示的に作られるものであっても変わらない。田園都市であれ広場（プラザ）であれ社寺境内であれ、何らかの体系を反映している営みであり、同時にそれはジェイコブズが惜しんだ町並みの魅力でもあった。この営みは既に構築された過去の秩序や理念をなぞる「社会関係の自動的な再生産」であり、科学的手法として行使されることによって生産物として回収されてしまう。

デザイナーたちは、これらの枠組みを越えた意味での「芸術」を作ろうとして、西洋のプラザや、あるいは他文化における空間を理想化する。ジェイコブズの時代から現在にかけては広場と呼ばれる空間は、それに最も近いものであろう。エトルリアでは宇宙の反映とされた都市の中心は、民主的な場、話し合いの場、合意形成を行い得る場として理想化されたヘテロトピアである。特に明治に至るまで西洋都市のような中央広場を持たなかった日本では、広場はデザイナーたちによって過度に理想化されている。これについて建築史家の土居義岳は皮肉なことをいっている。

広場というファンタズマゴリー(1)は形を変え、意味づけを変え、繰り返し私たちの意識のなかに投影される。丹下のいう社会化したピロティ空間、お祭り広場、界隈、境内、道空間、河原、火除地、橋詰、会所、クラブ、無縁・公界・楽、博多や堺、内包された都市空間、公開空地、アトリウム、団体としてのフォーラム。私たちはさまざまな文脈において広場的な幻影にとり憑かれ、それを実現しなければという強迫観念に迫られる。私たちはなにを計画しても広場への永劫回帰のなかに戻ってしまう。しかし広場は理念であって、完璧に実現することはそもそも不可能である。古代ギリシアのアゴラであれ、中世イタリアのピアッツァであれ、それが共同体の核であり、そこが民衆の自由で自律的な交流の場所であったという通俗化した歴史観自体、そもそも、一九世紀のロマン主義的な歴史観のなかで捏造されたものにすぎないのであって、「広場そのもの」あるいは「広場自体」は理念としてのみ存在しているにすぎない。しかし私たちはつねに広場的なものを求め、実現しようと努力する。いかに発想が陳腐であれ、いかに商業主義に汚染されていようと、いかにヨーロッパの実例に比較して劣っていようと、この仕事に取り組み、ある程度は成果をあげながらもそこから先は挫折し、しかもそれでも別の仕事に挑むことを辞さない［土居　一九九七：三一三］。

デザイナーにとって単に昔からある広場や科学技術に由来する現代都市の風景や空間を再生産したいだけなら、その結果、作られた空間はパークシステムであってもかまわない。というよりその方がデザイナーにとっては倫理的に正しい。しかし、デザイナーたちはこれに満足できずに別な仕事に挑むのである。

この場合、デザイナーにとってはＣＵＤＯＳは満たされても、広場という幻想が実現できていないという不全感を抱かせる。ここでデザイナーたちには、ＣＵＤＯＳ以外の要素がエージェント(2)として立ち上がっているといえる。デザイナーたちにはオブジェクトとしては作ることのできない非オブジェクトが背景として感じられているのである。デザイナーたちにとって「広場的な幻影」は、オブジェクトとしてやがては実現可能なものである。しかしデザイナーたちにとっては、これを現代に作ったとしても、理想化された広場とは何がどう異なっているのかわからないものでもある。このような理想と現実の齟齬は、従来の研究において扱うのは難しかった。

二　自覚されない文化をどう捉えるか

このように、存在はしていないがこれから作られようとするものを、どう考えればよいのであろうか。前節で述べたリンチやジェイコブズの論は、都市計画への批判的な検討から生まれたものだ。特にリンチのレファレンス・システムは文化相対主義的な視点で、人工環境のあり方や作られ方を見直すというものであった。ルフェーブルの研究と同時期に、デザインの過程において、科学技術による手法以外のものが作り手に作用する可能性を追求したのは、建築学者のクリストファー・アレクザンダーである。彼が、自覚している(self-conscious)文化と無自覚な(unselfconscious)文化と呼んだものがそれである。

私が「無自覚」という言葉で選んだ文化は、過去において様々な名前で呼ばれてきた。それぞれの名前は、その著者たちが最も明らかにしたいと願う、二種の文化の間の対比的側面を明らかにするために選ばれた。それは、血族関係が社会構造の中でさほど重要でない役割を果たしているものから際だたせるために『未開』と呼ばれ、都市的な文化と区別するために「民俗」と呼ばれ、また今日のより開かれた状況の中で個人の責任に対する関心を引くために「閉鎖的」といわれ、〝建築〟と呼ばれる職能が存在する文化と区別するために「匿名的」と呼ばれた。

特に私が触れたい区別は最後のものであって、それは物と建物をつくる方法に関わりがある。非常に自覚された建築、芸術、技術をもつ我々の文化と、それらについてどちらかといえば自覚されていない文化を広い意味で区別することは出来よう。建築について無自覚な文化を、自覚している文化から区別する特徴を漠然というのは簡単である。無自覚な文化では、建築とかデザインなどそれ自体についての考えはほとんどない。そこには、建物をつくる正しい方法と間違った方法があり、特定の失敗に対して皆に知られた定説的な救済策はあっても、アルベルティ(Alberti)やル・コルビュジェの論文に匹敵する一般原則はない［アレグザンダー 一九七八：二七］。

このような、無自覚な文化については、一章で見てきたように、様々な方法で顕在化する努力がなされてきた。これらは、現代のデザイン手法とは無関係ではある。そして現代のデザイン手法では対象化できないものを無自覚な文化として、文化やルフェーブルのいう「芸術」と呼ばれるカテゴリーに留保するものである。

都市計画や建築などの分野においては、「芸術」と文化の両者が、しばしば「芸術文化」と同じ土俵の上で語られ、新しく作られたものでも古い街並みでも、「芸術」や文化のもとに調和した景観などとして理想化される。無自覚な文化であっても科学技術において象徴的な形態として扱われるようになると、その形態自体が意味を持つようになる。この点でジェームズ・クリフォードのいう「芸術＝文化システム」［クリフォード 二〇〇三：二八三—九］となっている。しかし、このようなカテゴライズだけでは、無自覚な文化が予見できても、それがどう形態に反映されているのかは、相変らず明らかではない。

三　技術者の器用仕事

一章で紹介した様々な研究は、無自覚な文化を自覚された文化にしようとしたものであり、これは、デザイナーにとっては科学技術の「進歩」にあたるとされてきた。これによって、デザイナーたちは、それまであやふやなものとされていた情報を、いくらかでも明確な形態として活用できるようになる。もちろんランドマークなどといったオブジェクトは元来の環境中には存在しない。人間の生活のなかで構築されてでき上がったものの見方を、都市計画学という科学が対象化し、分類し、ラベリングしたにすぎない。

このような手法を、レヴィ＝ストロースは器用仕事《ブリコラージュ》と呼んでいる。伝統社会では、科学技術とは別な秩序による分類が行われるのはいうまでもない。現代の都市計画のように何らかの法則や概念が先行して、それに従ってオブジェクトが配置される訳ではないのだ。これと同じように、科学技術で分類できないものを作るとなると、デザイナーも科学技術の手法を離れて別な秩序を模索せねばならない。レヴィ＝ストロースは、科学技術と異なる経験や知識を使って工作する伝統社会の職人などを器用人《ブリコルール》に例えているが［レヴィ＝ストロース 一九七六：二二一―六］、近代科学を駆使する専門技術者も、名付けえぬ魅力の表現においては器用人《ブリコルール》である。

風景をデザインするにあたって器用人《ブリコルール》が行う器用仕事《ブリコラージュ》は、科学技術によって分類し切れない雑多な形態が、デザイナーによって選択され、まとめ上げられる過程である。このような過程においては、オブジェクトをデザインするデザイナーたちは、基本的には社会における分類とは無関係な形態をも選択できる。よってデザイナーたちが作った形態も、科学技術や文化によって分類されているオブジェクトだけではなく、多義的になる場合もある。ここに人工環境がルフェーブルのいう「「主体」の刻印を帯びたもの」となる可能性が出てくる。デザイナーたちは、単なる再生産物とは異なる形態を作ることを、自他共に期待されている。このときデザイナーたちは無自覚な文化を器用仕事《ブリコラージュ》することによって、自分たちが作る作品を「芸術」と呼ばれるようなものに定位させようとする。あるいは逆に、アレグザンダーのいう無自覚な文化を、科学技術によって自覚された文化に配置し直し、新たな技法を発見しようとする。いずれにせよ、この器用仕事《ブリコラージュ》のプロセスは、既存の科学技術を超える別の可能性を含んでいる。ルフェーブルのいう「芸術」作品と、それへの多義性においても、科学技術も含めて非常に込み入った情報が反映されたものと捉えなければならない。

後の事例研究でも述べるが、我々は、理路整然とした用途や機能を反映したオブジェクト形態に対し、往々にして鼻白む思いをさせられることがある。それは現状における用途や機能しかその形態に反映されておらず、現状の用途や機能だけでは説明困難な情報が形態として表現されていないことも一因であろう。このような情報が誘引子としてデザイナーたちに作用するとき、それらは科学技術によって整理されていないが、感じることができる情報であり、ハーシュのモデルにおける背景的な情報といえる。これを感じているからこそデザイナーたちは、その表現について悩むのである。

しかし、このような込み入った情報を、スキーマなどに由来する無自覚な文化としてのみ考えると、今まで「主体の刻印を帯びたもの」として実践され、作られてきた形態は全て、過去に存在したオブジェクトあるいはそのオブジェクトが存在する前提となる文化や社会とされるものをなぞった再生産品としてしか見ることができなくなってしまう。クラウディア・ストラウスはこのような見方を批判して、新しく作られたものを、過去に存在したものの「劣化コピー」としてしか見ようとしていないと指摘する[STRAUSS 1992: 4-8]。対象となる形態が明確であればコピーもできようが、序章で述べたような何とも形容しがたい風景に対する感覚は、コピーして表現することは難しい。人工環境に見られる無自覚な文化やかくれた次元や、ある種の秩序や調和をもたらす構造などといった考えはある程度有用ではあるが、器用仕事《ブリコラージュ》の豊かな創造性を説明するものではない。

四　独創か抵抗か

背景的な情報を感じ、それを作り上げる器用仕事は、どう考えればよいのか。一章で挙げたように、これを文化として科学技術と対置することは、権力と弱者の対立へと還元されかねない。しかしこのような対立に陥らぬように注意すれば、科学技術を相対化する手法は、背景的な形態の成立を考えるにあたって有用である。

例えばミシェル・ド・セルトーは、支配者の計画や統治などに被支配者を対置させた上で、支配者側の枠組みのなかで行われる被支配者の実践を評価する。この見方は西洋式の計画都市においても、都市を計画する者に対し、計画された都市に住まう側を評価するものだ。計画された都市自体は、機能や用途が割り振られたオブジェクト的な場所であるが、住まう側のそれぞれの人にとっては、都市は非オブジェクトも含んだ空間となるのである。

要するに、空間とは、実践された場所のことである。例えば都市計画によって幾何学的にできあがった都市は、そこを歩く者たちによって空間に転換させられてしまう。おなじように、読むという行為も、記号のシステムがつくりだした場所—書かれたもの—を実践化することによって空間を生みだすのである［ド・セルトー 一九八七：二四三］。

一章で挙げたジェイコブズが惜しむ「角の雑貨屋」［Jacobs 1961: 190-1］は、このような過程によって構築されているといえよう。このようにして作られた空間は、それを体験する者一人ひとりにとって受取り方が異なる。つまりデザイン選択モデルにおいて、新たな形態のデザインへとつながる誘引子となり得る可能性を持っているのである。

ド・セルトーはこのような要素を病気や死に瀕した病人に例え、名付けえぬものと呼ぶ。社会によって負とされたものは、病人や弱者といった形で周辺化させられ、隔離される。彼らの声は社会の中に位置を持たない故に、科学技術の過程の中では顧みられず、科学技術の手法では決定し得ないものでもある。科学技術の手法は様々な場所を都市や建築などといったモデルとして再生産する。しかし、周辺化された人々による名付けえぬ行い、つまりド・セルトーのいう実践は、空間の中に断片化された形で堆積しているのである［ド・セルトー 一九八七：三七二—三、三八九—九二］。

ド・セルトーと同じく、アンソニー・ギデンズは科学技術を抑圧的なものとして警戒する。ギデンズのいう専門家システムは、科学技術とこれを駆使する専門家を、「社会」が信頼することによって成立しているものである［ギデンズ 一九九三：一四〇］。同時に専門家の技法は、ジェイコブズが論難したような均一化につながる。このシステムにおいては一人ひとりが感じる名付けえぬものは、均質性の中に埋没させられ、押しつぶされてしまう。ギデンズは科学技術をジャガノート（人による制御が効かなくなるほどの暴走をする超大型長距離トラック）にたとえている。科学技術は複雑で制御が困難なシステムであり、しかも強大な権力を持っている故に個人を押しつぶしてしまうのである［ギデンズ 一九九三：一七三―六］。

この均一化は、人間にとって諸刃の剣のようなものである。デヴィッド・ハーヴェイによると世界は貿易の拡大、航海術の発達や領土の争いなどを経て、地図などの形式によって記述されるようになった。一人ひとりの感覚を超えた遠い地域のものであっても、地図上に前景化されて、一瞬にその広がりを把握できるようになったといえる。それは同時に、地図上に点や線で表現された空間を書き換えることによって、実際の環境を望み通りに操作可能にするものでもある。それは空間の支配を可能にすると同時に、万人に平等に土地を分け与えるなどといった理想の反映も可能となるのだ［ハーヴェイ 一九九九：三〇八―三一一］。

このような理想の反映が田園都市などの都市計画である。それはデザイナーにとって啓蒙的なものであり、マートンのCUDOSが素直に発揮され得るものであった。建築史家のロバート・ホームやグエンドリン・ライトによると、一八～二〇世紀に作られたカルカッタ・アルジェ・ハノイ・カサブランカ等の植民都市は、西洋式の都市計画、いわゆる〈「中央」対「周辺」〉の秩序を持つオープンスペース計画が取り入れられている。これも南米の植民都市のように、その都市が元来持っていた空間秩序であっても、科学技術の中で解釈できるものは、引き続き取り入れられている。これは啓蒙でもあり人類の理想の実現であった［ホーム 二〇〇一；WRIGHT 1991］。

しかし、そのような理想が実際の住民の認識と齟齬をきたしたとき、ジェイコブズのような人々が論難し始めたのである。一九七〇～八〇年代の建築デザインにおいて流行したポストモダン建築は、かつて理想とされた、整然と計画された近代主義建築と、住民たちからの異議申立てとを止揚したジンテーゼとなることを期待された。このようなポストモダン建築は、周囲の環境を全く無視した形態が特徴であったが(3)、その形態はよい評価はされなかった。例えばフレドリック・ジェイムソンはこの形態についていう。

　これは現代の作家や芸術家にとって、新しい様式や言葉を作ることがもはや不可能なだけでなく、独創は限られた組み合わせとしてしか行い得ないことを意味する[Jameson 1985: 115]。

　ポストモダン建築には科学技術への反省としての側面があった。建築デザイナーたちは整然とした均一性の回避をめざし、いわば「個性的」な形態を作ろうとした。この形態はルフェーブルのいう「芸術」と同じものがめざされたといえよう。しかし、実際に作られた形態は、過去に存在した形態の寄せ集めというキッチュなものであり、唯一無二のものではない。この点でルフェーブルのいうような「芸術」とはいえなかったのである。

スコット・ラッシュは、このような形態は図像的《フィギュラル》に人々に認識される意味作用であるとした[ラッシュ 一九九七：x]。これは伝統への回帰の表明であると同時に、市場の要請による差別化の表明でもある[ラッシュ 一九九七：五九―六三]。これは均一性に対して、一人ひとりの感じ方を重視しているようで、やはり過去にあった形態の再生産となるものである。社会学者の多田治はこの過程を、自己を表現する行為に現れるものとして捉えている。高度に分業化した資本主義社会において、お洒落や旅行などを選択購買することは自己表現の一種である。よって自己を表現することは消費の対象となる。この代表的な例がディズニーランドである。ディズニーランドの世界は誇張されたものを現実以上に現実らしく見せ、体験させる[多田 二〇〇〇]。それは現実では満足できない人々が、こうありたいという自己を満足させるためのヘテロトピアの一種であろう。そしてデザイナーは、このような自己に見合ったオブジェクトを提示しなければならない。それは今までのものに比べて差異が強調された形態ではある。それはポストモダンだのといった(少なくとも作り手の努力の方向においては)ハイスタイルな「芸術文化」の文脈において作り出されることを期待され、消費される。しかしこうして作り出された形態は、均一に対する自己表現ではなく、やはり均一の延長なのである。

一見、無媒介で自由な感覚によると思える美的判断や自己表現においても、媒介は至るところではたらいている。「自分の思うとおりに」ふるまっているように見えても、すでに消費環境の媒介は制度化されている[多田 二〇〇〇：七二]。

ここでいう媒介は、消費する者や、消費されるべき対象を作る者にとっては、予め存在し、選択できる形態を媒介するものともいえる。このときデザイナーは専門家システムの一員として、ジャガーノートのように人々を押しつぶすことに荷担している。それと同時に、デザイナーは自らの仕事に懐疑的に振る舞う。現代のデザイナーは科学技術者としてＣＵＤＯＳを信奉し、前景としての人工環境を作ろうとする。他方では権力者などとレッテルを貼られるような自分を恥じ、住民からの異議に耳を傾け、それまでの専門家の技法ではわからなかった、背景的なものを追い求めるのである。しかしその背景的なものは専門家システムの技法によって配置され、作り替えられてしまう。ラッシュや多田の考えに従うと、この空間にはもはや名付けえぬ背景は存在しない。それはポストモダンではあっても「独創」と呼ぶことはできず、過去の形態のあちらこちらを部分的に引用し、つぎはぎにした「劣化コピー」のままである。

こうなると伝統社会であろうと近代社会であろうと、創作行為は、これに先行して存在する形態が、スキーマによって引用され再配置されるという再生産、つまり「ファックスのような劣化コピー」になってしまう。そのよい例が、前節で述べた西洋の都市広場におけるヒエラルキーからパークシステムへと受け継がれた〈「中央」対「周辺」〉のヒエラルキーであろう。ここでは前近代のスキーマは普遍的な科学技術へと、解釈し直されて作られている。

しかしこのような考えでは、名付けえぬものを表現しようとするデザイナーの動機はわからない。デザイナーたちが名付けえぬもの、つまりそれまでに存在した形態とは異なる、「ファックスのような劣化コピー」ではない何かを作ろうとするとき(少なくともそれを作ろうと思ったとき)、その動機は何だろうか。これは、市場の動向や制度、あるいは無自覚な文化からの束縛とは無関係に発揮され、通俗的には専門家の良心とか職人の情熱とも呼ばれることがある。つまり社会的な構築物としてのみ考えることはできないのである。藤永茂は、この点においてマートンのＣＵＤＯＳを再評価する。科学者は論文の引用件数や、産業からの要請に応えるだけではない、別な満足度を求めている[藤永 一九九九]。科学技術を駆使する専門家たちは、その時々の流行に左右されるような軽薄なものではなく、見る者に普遍的に感動を与え、かつその設計やデザインの思想はどこの国や文化、社会においても通用し、他の専門家にも共有できる方法論を求めている。それによって魅力的な新しいものが設計されるのである。この法則性は今までの科学的知見に対し懐疑的に取り組むことによって発見される。都市計画家は西洋式の高等教育を受けているので、このような望みを素朴に持ち続けるのは当然であろう。しかし、本章の最初に引用した土居の論のように、この望みは常に実現されず、それでもデザイナーたちは追求をやめないのである。

なぜそうなるのかを文化に求めても同じことになるのは先に述べた。だから前節で述べた、形態の配置や文化構造などで対象化できていないものを考慮しなくてはならないのである。これこそ形態的な「独創」であり、美しさとされるものであり、ルフェーブルのいう「芸術」なのである。

この美しさと「芸術」について、アルフレッド・ジェルはいう。

> それは何かしら面白く、難しく、魅力的で、言いがたい、止められないといったものを、実現したり意味したりするがために、複雑になったアイデアを運ぶものとして吟味されたものである。それ故に、そのような芸術を表現しようとする作品とは、そのような事柄を吟味するものや行為であると定義したい。なぜなら、そこには複雑で、興味を引き、完全には再構築できないが、人為的に作られたものが備わっているからだ[GELL 2006b: 211]。

つまり美しさとは、人々にとって一般的な形態として表現できるものではなく、それを表現できると思わせるエージェントでしかなく、それをデザインすることはルフェーブルがいう「「主体」の刻印を帯びた」「芸術」でもある。この美しさは、社会や文化にとって意味を持たないモノへの感情であっても、そのモノに込められることがあるとジェルは説明する。

> 常にスキーマの外側にあり、それ故、視覚的には、何らかのオブジェクトに備わったものとして扱われる。ナイル川南部の社会において見られる牛の斑毛模様[4]はそのよい例である[GELL 2006a: 217-8]。

文化として対象化された形態や、その配置秩序などはハーシュのいう前景的なものであり、このような考え方では名付けえぬものは背景的なものである。しかし語ることができなくても、我々人間は感じることはできる。これはあいまいであり、「芸術」に込められることがらでもある。ジェルのいうように、これが既に存在するオブジェクトに託される場合もある。

このような、名付けえぬ魅力を感じ、作ることは多様なコンテクストで生まれる個的なものなので、科学技術や文化に導かれたものとしてしまうと、〈「権力」対「周辺」〉や〈「中央」対「周辺」〉における、周辺とされてしまう。このため権力や中心の側にいる専門家の情熱は顧みられない。また、作り出されたものも、過去に存在した形態の「劣化コピー」として評価されてしまう。しかし上のような対立の図式を離れて見ると、スキーマの外側にある感じ方、作られ方は、既存のオブジェクトに新しい感じられ方の可能性を吹き込むものだ。それは過去の社会に構築された前景的なものの継承であり、同時に社会から離れての個々人が感じる背景的なものを作り上げることでもある。つまり専門家が風景をデザインするという行為は、継承を行うと同時に新しいものを社会に加えてゆく行為なのである。

五　風景構築の紆余曲折

デザインの専門家たちにとっては、形態がはっきりしているもの、目的や機能がはっきりしているものでなければ設計の対象とすることはできない。つまり設計されるものは、前景的なものでなくてはならない。しかし、名付けえぬものは背景的なものであり、これを実現しようとすると混乱が生じる。設計現場での混乱は日常的なものであるが、風景を魅力あるものとする行為もこの混乱のひとつである。

科学社会学や科学技術の人類学は、科学技術の現場で行われる紆余曲折の過程を描くことによって、新しい社会の見方を提示してきた。これらの研究を検討することは風景における背景的なものを作る行為を実践としてとらえるにあたって有用であろう。

科学技術によってもたらされた様々な技術や手段は、今まで見てきた都市や機械・製品といった形あるオブジェクトとして受け止められることも多い。これらのオブジェクトは、今現在に使われているような目的や機能が追求された結果、作られたものと考えられがちである。しかし、これらのオブジェクトは現在の形態へと一直線に「進化」してきた訳では決してなく、様々な紆余曲折を経て現在の形態に落ち着いている。このような紆余曲折を明らかにしてきたのが科学社会学的な研究である。これらの研究は、現況の機械や製品が現在の形になったのは、機能や用途のみが追求されたからではなく、現在の機能や用途を満たす以外にも様々な要望がその機械や製品に対してなされ、その「改良」は決して合理的なものだけではなかったということを明らかにしている。

例えばトレバー・ピンチとヴィーベ・バイカーによると、自転車が今のような形になったのは決して機能が追求された結果ではない。チューブ入りニューマチックタイヤは安全性の観点から自転車へ導入されたものであったが、スピード走行に適している理由で普及したものであるし、女性が利用する際の服の汚れや、男性が乗るべきスポーティな形態などを追求すると、現在の自転車とは異なる形態になる。自転車というオブジェクトが発展する過程には、製品が発揮すべき機能とは結び付かない様々な解釈が関与する。安全性や「男らしさ」、衣服の汚れを防ぐ、新材料の開発等々。このようなアクターが自転車という製品の発展に関与する過程を見るとき、解釈同士の結び付きはネットワークを呈する。またこの解釈は必ずしも最初に想定された機能を満足している必要性はなく、別の解釈からの要請によって、つまり別な必要性との折合いを付けるため、当初に要求されていた機能とは別の機能を付与されることもある。これは解釈の柔軟性(interpretative flexibility)と呼ばれる[Pinch & Bijker 1987: 27]。

デザイナーの実践を通して風景が形作られるときも、デザイナーたちは、先行する誘引子をブリコラージュし、名付けえぬものを表現しようとする。このとき誘引子は科学や文化の格子の中に留まらず、それ以外の様々な事由との関係性において柔軟に解釈され、新しい風景として配置され直すともいえる。

宮武公夫は、科学や技術の現場を、知の体系としての近代科学と、その制度が作り出した手段や成果として作り出された科学としてのテクノロジーと、体系や手段、成果などとするにはなじまない、有限で人間的要素を必然的に持った文化的要素を媒体とする文化としてのテクノロジーに分けて考える。

ひとつの閉じられた世界の中で、「もちあわせ」の断片(それが時に科学者のものであっても)を、なかば恣意的に組み合わせて創出されるのが、文化としてのテクノロジーである。そのような、文化としてのテクノロジーは、文化という限定された道具箱の中から、無限で恣意的な概念を用いて作り出される。そして、そのようなテクノロジーは常に文化の内側にとどまることになる。

一方で、このような区別は概念的なものにすぎず、個々のテクノロジーが個別に機能することは滅多にない。なぜなら、どのような技術もこれら二つの性質を本来併せ持っているからである[宮武 二〇〇〇:九〇—一]。

現代においては、デザインされた空間の魅力は、科学としてのテクノロジーがもたらしたものとされ、その形態の中に文化としてのテクノロジーが、通俗的には「芸術文化」などとして併置されてきたといえよう。ド・セルトーのいうように、計画的に作られた都市に生きる人々も、計画的に生活しているだけではなく、その都市を歩くことによって様々な実践を行っている。宮武の見方には、ジャガーノートや文化の格子に囚われつつも、社会に新しいものが加えられてゆく可能性が示唆されている。科学や文化だけに還元できない、様々な解釈の関係性から、世界が生み出される可能性があるのだ。

このようなテクノロジーが構築される過程には科学で対象化されたもの以外にも、文化としても捉えきれない様々な要素が関与する。これらの要素は専門家による紆余曲折の作業においても、解釈の柔軟性を通して、アクター相互の関係性のなかで、加工され、つなぎ合わされ、都市や機械といったオブジェクトとなる。ブルーノ・ラトゥールやマイケル・カロンらが提唱したこのような考え方は、解釈の柔軟性を、様々なアクターの交錯するネットワークにおける様々な解釈の過程として捉えるアクター・ネットワーク理論として知られている[e.g. Callon 1986; Latour 2005]。

アクター・ネットワーク理論においては、人だけではなく、それ以外の道具や図法、自然環境などのものも対等のアクターとして扱われる。科学技術において、都市や機械などのオブジェクトは、科学の発展の結果として作り出されたものとされる。しかしこれらの構築過程を、人やモノなどのアクターが織りなすネットワークとして見ると、様々なアクターにおいて、その機械や都市などを合理的に構成させるよう方向付けられているかのように、解釈が行われている。ラトゥールはこれを翻訳と呼んだが[ラトゥール　一九九九：一八七―二二八]、アクターは翻訳の過程において機械や都市などを構成する要素として動員されることが可能となり、最終的には、社会的に認知された機械や都市などとして構築されてゆく。また作り出されたその機械や都市なども含むネットワークの結節点は、専門家やその他のアクターが、機械や都市などを構築してゆく際に必ず通過すべき、計算の中心と呼ばれる。[ラトゥール　一九九九：三九三―四一三]。

ところで、風景や空間が作られる過程は、物理的には人工環境が作られることと同じである。これは一章で挙げたジェイコブズが批判したように、科学技術で対象化できないような古い街並の豊かさを、「先進」技術によって改変してしまうこととされてきた。しかし、この過程をアクター・ネットワーク理論を通して見ると異なる側面が現われてくるのである。これはアクター・ネットワーク理論の有用性を論じた足立明の指摘でも明らかである。

アクター・ネットワーク論は近代的な社会学のように、ある現象や出来事の原因を特定したり、黒幕をさがしたり、それらの責任者を問うたりするものではない。アクター・ネットワーク論は「陰謀論」を採用しないのである。アクター・ネットワーク論が行うのは、強力なアクター・ネットワークと弱いそれとの特定の関係について、全体の布置を記述し説明することであり、特定の関係の責任はその全体にあるとするのである。しかし、近代的な社会学ではこれらの関係をいくつかの「支配的な」アクターの原因として「ブラックボックス」化する。アクター・ネットワーク論は、この「ブラックボックス」を開け、近代的なものの見方をずらせるという意味で批判的なのである[足立 二〇〇一：一五]。

アクター・ネットワーク理論によって建築や都市計画、造園などの過程を見ると、科学技術の手法によるものの作られ方と同様に、それ以外の過程が含まれていることが明らかになるであろう。

そもそも、実際の都市づくりにおいては、合理的に作業が進行することはまずあり得ないのだ。(5) このような人工環境の構築過程を扱った研究に、マシュー・クーパーのものがある。クーパーによるとカナダのトロント市では、オンタリオ湖沿岸のウォーターフロント開発において、土地の権利や流通上の交通問題、環境保護など、役所内の担当部局や市民団体の様々な意思が交錯し、その開発計画が難航した。そして土地利用計画の境界線が複雑となったが、この境界線は環境保護や公園計画と結び付き、最終的にはグリーンウェイ(greenway)として活

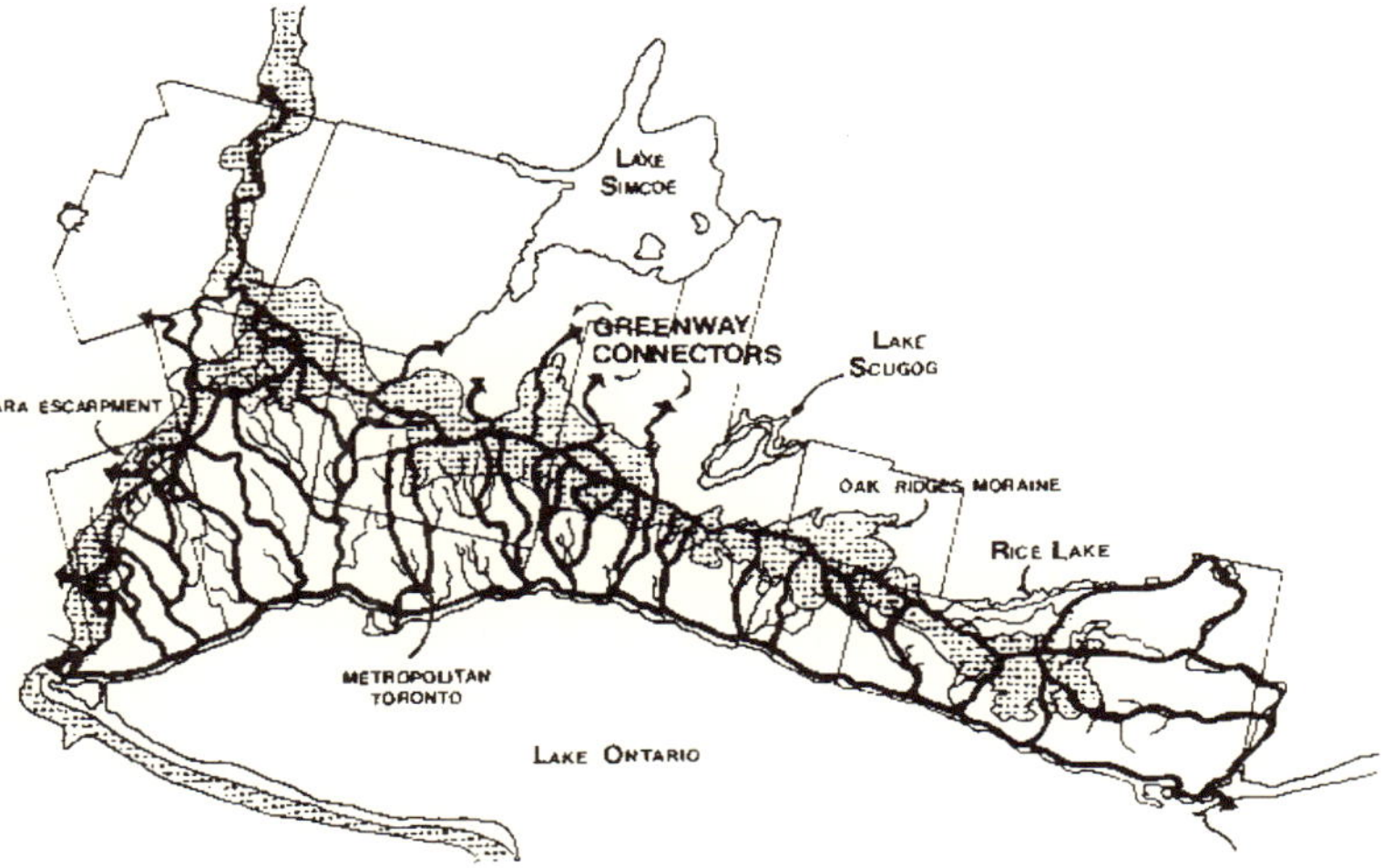

図2-1　カナダ，トロント市のグリーンウェイ(greenway)計画

用されることとなった(図2-1)[Cooper 1999: 388-95]。

このようなグリーンウェイは都市に緑と生態系を導入した「先進」的な事例として挙げられることが多いが[例えば浅川二〇〇七：四四]、グリーンウェイという人工環境が構築される過程を振り返って整理すると、必ずしも「先進」的なものをめざした訳ではないことがわかる。

人工環境の構築においては、最終的なオブジェクト、つまり建築や都市といった要素の形態は、デザイナーという専門家たちによって、設計図面の上にデザイン画として描画される。その過程を、専門家も含めた様々な要素が全体として結び付くアクターのネットワークとして整理することによって、科学技術や文化の反映には止まらない風景の作られ方が明らかになるであろう。

ここにおいて、デザインを行う専門家たちは、専門家システムの要素としてだけではなく、システムとして括れない多様さを備えた個々人であり、専門家たちが形態を作り上げてゆく過程は、解釈の柔軟性がいかに発揮され、翻訳され、形態へと動員されてゆくかの過程である。

アクター・ネットワークは社会的な構築物が構築される過

程に、翻訳という、社会の反映とは別の側面を明らかにする。翻訳の過程は、デザイン選択モデルと同じく、形態の選択としても見ることができるが、デザイン選択モデルはスキーマの存在を前提としているのに対して、アクター・ネットワーク理論の考えにおいては、デザインの過程はスキーマなどといった社会的な枠組みからだけでは説明し切れない、様々なアクターの関係が作り出され、織りなしてゆく過程として浮び上がらせることができる。

六　魅力とエージェンシー

アクター・ネットワーク理論は、何らかのものごとが構築される過程をアクター間のネットワークとして捉える。風景の魅力が作られゆく過程も、このようなアクター・ネットワークとして捉えることができるのではないだろうか。アクター・ネットワーク理論では機械や制度など、その存在が明確なものが形成される過程から、何らかの知見を得る。これに対し、名付けえぬ風景の魅力は明確に対象化されていないものである。この過程を明らかにするにはどうすればよいのだろうか。

デザイナーたちが作ろうとする魅力的な形態は、たいていの場合、明確ではないので、何十枚何百枚とスケッチが繰り返される。デザイナーの脳裏に、あやふやに浮かぶアイデアが、科学技術や文化によって説明される形態のどれにもあてはまらないとき、それは常に多義的で名付けえぬものといえよう。これらは製図の過程で容易に科学技術や文化に取って代わられる。デザイナーたちは、あいまいなものも明確な形態として作らねばならず、デザイナー自身が専門家として良心的であろうとすればするほど、脳裏に浮ぶ混乱したアイデアを図面上に表そうとする。しかし、それは様々な科学によって言明されていない場合、排除されなければならなくなってしまう。

機械工学者の田浦俊春は、このような、専門家の思考過程の背後にあって、そのプロセスを支配する何かのことをプロセス知と呼ぶ［田浦　一九九七a：六八］。このプロセス知は、専門家の経験の中で醸成されるものであり、脳裏に浮かぶ断片的な知識を、スケッチ図やポンチ絵などの形として表す際などに働くとされる［田浦　一九九七b：六八］。これは空間のデザインにおいては、「ワンルームのような～」、「公園のような～」（～にはデザイナー自身が設計しようとしている建築物のデザインが入る）といった具合に、断片的な形態が喩えの形で伝達されてゆく。建築学者の宇野求と岡河貢は、現代の建築デザインにおいては、デザイナー自身は明確なイメージを持たずに、断片的な形態を操作し、形態表現に結び付けることを指摘する。(6)

設計プロセスにおいて用いられる喩えは、その表現者によって再構成された概念であり、その趣旨が明示的でない場合があるばかりか表現している本人も無意識にあいまいに用いていることさえある［宇野・岡河　一九九七：一一二］。

この場合、ワンルームマンションや公園は、これからデザインされる形態のひな形として引用される。このときデザイナーは、すでに存在しているオブジェクトの形態に似せて、新しい形態を作ろうとしている。デザイナーにとってワンルームマンションや公園は、デザイン選択モデルにおける新しい形態をデザイナーに誘発させる誘引子である。

この過程における喩えは一概に、科学技術や文化、あるいは図像的《フィギュラル》なものだけに帰することはできないアクターへと転化する可能性もあり、これらがデザイナーに新しいものを作らせることもある。デザイナーにとっては、デザインは社会的に構築されたものの形態への反映であり、またそれらに束縛されることによって新しいものを作り上げる実践でもある。しかし、デザイナーの行為は、図像的《フィギュラル》なものを作るだけなのか、それともそうではないものをめざす実践なのかは混乱しており、整理するのは難しい。喩えはあくまで、喩えであり、混乱しているアイデアにぴたりとあてはまる形態ではない。

このような混乱している段階のアイデアは反科学であり、専門家システムからは排除の対象とされてきた。しかし、デザイナーにとっては無視できないものである。しかもそれは完成すると、社会的に確立したオブジェクトとされることが多い。

このとき発想される形態には昔から引き継がれた無自覚な文化や整然とした近代デザインの形態、あるいは市場の要請に由来する形態が反映されることもあろう。さらにそれは地権者や便利さなどによってデザインが再考を迫られるであろう。そうしてデザインされる形態は、技術計算などによって合理的に作られたものとして、人々に受け取られることが多い。同時に、そこには科学技術から見た要素と、それ以外の要素が、明確に識別されずに混在している。デザイナーは状況に応じてこれらを操作し、形態を構築するのである。

このようにして作られようとする名付けえぬものは、学説や理論としてはひとつのカテゴリーとして言明されることもあろう。この言明と同様に、科学技術や文化として参照できない環境は、風景というカテゴリーとして表されることによって、言明されているものを超えて、それを感じる個々人にとって名付けえぬものとして存在することの説明が可能になるだろう。例えばわらを固めた煉瓦による建築を実用化しようとした建築家の努力の過程には、この種の言明が介在している。ケスライン・ヘンダソンによると、この建築が実際に建てられるまでの過程では、デザイナーに様々な問題が集中する。わらを固めたものは鉄筋やコンクリートなどと違い、密度が均一ではなく、強度の計算はできないので役所の建築許可を得られない。また生態系を保全するものとして賞賛し、援助を申し出る人も現れる。これらはデザイナーにとっては不測の事態として対応しなくてはならないものであり、そのつど、設計を変更せねばならない。こうしてデザイナーが最初に意図した形態は、変化してゆく。この設計の修正は、「エコロジー」や施工性などの観点から、折衝の相手に受け入れられやすい形態となるように行われる[HENDERSON 2006]。つまり、これらのネットワークにおいてラッシュのいう図像的《フィギュラル》な要素に還元され、作られるオブジェクトより先に存在している形態が、そのつどデザイナーによって翻訳され、動員される。デザイナーは社会の中で意味あるものとして構築された形態によって、新しい形態を作ったのである。

この事例でのわらの煉瓦による建築は、デザイナーにとって明確なオブジェクトとしてある。しかし名付けえぬ魅力を持った、不明快な風景の場合であっても、デザイナーにとってそれが作りたい対象であるとき、彼らは過去に存在した様々な形態を翻訳し、動員することは変わらない。このとき、「はじめに」で挙げた風景芸術作品のような多義的で魅力的なものは、同時に様々なオブジェクトの集成と見ることもできよう。この様々なオブジェクトは、自然・強度・重量・危険性などといった様々な機能や意味からも解釈され得る。しかし、これが風景となると、これらの機能や意味の総和ではなく、全体から魅力が感じられる場合もある。このような魅力が、デザイナーたちが表現したがる、名付けえぬものでもある。

それは一章でも述べたように、社会や科学的な手法によらないで作られようとするものであり、ルフェーブルがいう「創造者や芸術家という「主体」の刻印を帯びたもの」でもある。またはド・セルトーが指摘するように、計画的に作られた都市に生きる人々が、実践の中で作り出しているものでもある。デザイナーたちが名付けえぬ魅力を作ろうとして誘引子によりブリコラージュするとき、彼ら彼女らは科学や文化を再生産する社会的な存在であると同時に、個別の多様さが立ち上がっている。ルフェーブルのいい方を借りれば、デザイナーたちの多様さは単なる再生産とは異なるものを作り出す主体としてある。名付けえぬ魅力は社会的な存在としてのデザイナーが持つ、社会には収まり切らない主体の部分が作ろうとするのである。

このような魅力についてアルフレッド・ジェルは、ピグミー族がチンパンジーを捕える際に使う罠に例えている。ピグミー族によるとチンパンジーはレイヨウなどの動物に比べて頭がよいので、単純な罠では捕まえられない。そこで彼らは、チンパンジーにとっては手で避けられるであろうと判断できる程度の細い糸を引き金として張っておく。チンパンジーがそれを動かすと毒矢が発射されるのである[GELL 2006b: 198-200][7]。名付けえぬ魅力を生み出すのもこの罠における糸と同じだ。ジェルのいうように、それは人間の持つスキーマを越えたものであるが、その形態の社会的意味が明らかではなくても、何かしら興味や注意を引く。だから人間はそれに惹かれるのである。さらにはその惹かれたときの気持をアブダクションにより表現しようとするのである[GELL 2006b: 212-3]。

デザイナー自身が想起する混乱したアイデアは、ジェルのいうチンパンジーの罠のように、社会の枠組みから外れるものであり、しかもアクター・ネットワーク理論におけるアクターのようにデザイナーに作用しているが、アクターとしては定義できないものである。混乱したアイデアは既存の社会的概念とはいえず、それでいてデザインの過程において、個々のデザイナーの「「主体」の刻印を帯びた」部分に働く。このとき、混乱したアイデアは、デザイナーに対して何らかの名付けえぬものを作らせようとするエージェントとして立ち上がっていると見ることもできよう。

この行為においてデザイナーたちはスキーマ以外の美しさを作ろうとするものともいえる。ジェルは有意義な視点を提供している。「芸術」と呼ばれるような、よくわからない魅力を帯びたものが作られる過程に介在するエージェンシーを、受動的あるいは拘束的に働くものと、能動的あるいは積極的に働くものに分けるのだ。前者は克服的行為体(Patient)、後者は遂行的行為体(Agent)と呼ばれる[GELL 1998]。例えば右のチンパンジーの罠でいうと、矢を発射する罠は遂行的行為体の位置に、罠を疑問に感じて作動させるチンパンジーは克服的行為体の位置にある。ジェルのいう芸術家は本書ではデザイナーと置き換えてもよいが、デザイナーにとって表現する対象が明確な形態として脳裏に浮かばない場合、その形態に常に理想形態とは異なる場合が多い。この場合、デザイナーは、罠を前にしたチンパンジーのように、明快に理解できない遂行的行為体を前にした克服的行為体として苦しむのである。

　だれもが手のような、描くのが「困難な」対象を描こうとして失敗するとき、「克服的行為体(Patient)」の位置にある芸術家が遂行的行為体(Agent)としてのプロトタイプである手に直面していることがわかるであろう[GELL 1998: 37](8)。

デザイナーの行う作業もこれと同じである。デザイナーはデザインすべき形態を自分の手で用紙に描く(あるいはCADソフトでディスプレイ上に描く)。しかし描かれるべき対象は常に名付けえぬ空間である。この自らの脳裏にある混乱したアイデアを、細部まで明確な形態とするのがデザイン作業である。もちろんここには様々なアクターがデザイナーのアイデアを細部まで完成させる後押しをしたり、あるいは、そのアイデアをさらに混乱したものに戻してしまうこともあろう。前者の完成へと導くアイデアが遂行的行為体であり、混乱したアイデアが克服的行為体である。この過程を繰り返してデザイナーは風景を作り上げてゆくのである。これは社会的に構築されているデザイナーという専門家の、個々のデザインプロセスには、社会に還元できぬものがあるということだ。それらを含んだ様々な人々やモノの関わりにおいて風景が形成されてゆくのが、風景のデザインにおける実践の過程といえよう。

　この関わり合いの中には、権力関係もあろうし、既に存在している象徴的あるいは多義的な形態もあろう。あるいは、自覚した／無自覚な文化や、科学としての／文化としてのテクノロジーもある。不慮不測の事態も起こり得る。この様々なアクターやアイデアが、デザイナー自身も含め人やモノの区別なく、遂行的行為体あるいは克服的行為体としてデザインの実践に関わる。その結果、風景は要素に還元可能な、明快な形態を持ったオブジェクトとして描画され、その描画された図面に従って、細部に渡って施工されるのである。

ジェルの克服的行為体／遂行的行為体の考えは芸術作品の形態ではなく、それが作り出される過程にのみ注目できるものだ。芸術作品と呼ばれるオブジェクトの形態は実に多様である(例えば矢が突き刺さったチンパンジーも、ある種の名付けえぬ魅力を持った芸術作品とされ得る)。ジェルは複数の形態も、相互にエージェンシーとして「芸術」を作るとしている。例えばだまし絵(トロンプ・ルイユ)を見る者が、そこに何が描かれているか迷うのは、絵を構成する部分の形態が明確な遂行的行為体としてアブダクションを引き起こすからであるが、絵全体はすぐにはわからない克服的行為体としてあるからだ[Gell 1998: 41–5]。その風景が、よい風景なり芸術作品として社会に通用してゆくかどうかは、風景と、その風景を取り巻く人々やモノが相互にエージェントとして立ち上がる別個の過程として扱うこともできよう。

風景デザインの現場において、デザイナーたちが、形態を魅力あるものとして作ろうとする際に関与する様々な物事の関わりは、その作られゆく過程の中で捉えられる。この関わりは、科学技術や文化によって説明できない、新しい風景のデザインが生み出されること自体への知見をもたらすであろう。このとき、名付けえぬ魅力自体をオブジェクトとして特定できなくとも、社会的に構築されたデザイナーの中に、作ることを促す、あるいは否定するエージェントが現れてくる場合もある。そのエージェントを考慮することによって名付けえぬ魅力が作られる過程に注目することができるのである。

七　まとめ——風景の中で揺れ動くイメージ

科学技術は普遍的で共有可能な法則や説明を重視する。デザイナーたちが理想とするハイスタイルな風景は、この法則や説明によってデザインされるはずであったが、一九六〇年代頃から、科学技術だけでは理想の風景を作ることは難しいことが明らかになった。そこで科学技術ではわからないルールを文化に発見することが予見され、探求された。

しかしこのような姿勢は、風景の構築を反科学技術としての文化に還元するだけである。そこで科学技術や文化などといった枠組みをあらかじめ想定することを留保する必要が出てくる。人間の行動は社会的に決定されている側面を持つと同時に、その人間一人ひとりは異なる存在であるので、社会の枠には収まらない側面もある。この側面を見るにあたってのジェルの遂行的行為体／克服的行為体の考えは、久保明教によると、科学技術や文化といった枠組みを仮定することなく、人々やモノの相互の関わりから新しい世界の可能性を探るものである［久保 二〇一一：五〇―一］。デザインが困難な混乱したアイデアを実現しようとする行為も、そのひとつだ。このようなランドスケープデザインの過程を、ジェルのいう遂行的行為体／克服的行為体が関わった過程として考えると、この過程に注目することによって、風景への新たな意味づけや、新しい風景を作り出そうとする行為を新たな視点から見ることができよう。

このときデザイナーたちは、オブジェクトに混乱したアイデアを託し、非オブジェクト的なものを作ろうとしているともいえる。前節で述べた喩えによる描画はその現れであろう。このときの取捨選択の過程は、既存の科学技術や文化、あるいはそれ以外の背景的なものを、解釈の柔軟性の中で、動員し、翻訳して、完成されたデザインとする実践過程と考えることができる。この中で、名付けえぬ魅力が作られることがめざされるが、従来の研究ではデザインが終了すると同時に、それは再び専門家集団においてはオブジェクトと見なされ、様々な科学技術の格子に押し込められてしまう。また、デザインされた形態だけに着目すると、それは、何らかの意味や機能を反映したオブジェクトとしてしか考えられなくなってしまう。しかしこれが作られようとする器用仕事《ブリコラージュ》の過程には、作られた形態からは見ることのできない、様々な要素が関わっている。いい換えると、ハイスタイルな風景をデザインする過程は、科学技術や文化、社会からだけでは決定されない、背景的なものが作られる過程でもある。

　つまりハーシュの風景モデルでいう、

前景の現実性　⟷　背景の可能性
イメージ　⟷　表象

の両極の間で、デザイナーの混乱したアイデアは揺れ動いているが、その結果として作られたものが研究の対象となっても、その作られた過程は「ブラックボックス」に入れられ、顧みられることはなかったのである。この過程は既に存在している形態を参照するだけではなく、実際のデザインの過程において、デザイナーたちと彼らを取り巻く様々な物事が織りなす実践を通して明らかにすることが可能であろう。

三章ではランドスケープデザインの現場を扱う。ランドスケープデザインは科学技術の分野でありながら、その専門家たちは背景的なイメージを意識してデザインを行っている。均一的な手法を持った専門家システムにおける過程には、足立のいう「ブラックボックス」[足立 二〇〇一：一五]があり、その中では科学としてのテクノロジー以外のアクターが作用し、多義性を持った背景的なものがオブジェクト／非オブジェクトとして人為的に作られる。この全体像を描くことによって、多義的な魅力を持ったものとして風景が作られることについて考える。

さらに四章では一般的にサウンドスケープデザインと呼ばれるデザインの現場を扱う。この分野は風景をデザインするという点でランドスケープデザインと共通しているが、後に詳しく述べるように、音を使ってのデザインは科学技術への反省から起こったものなのである。サウンドスケープデザインの現場ではランドスケープデザインとは異なり、専門家個人が抱くイメージが重要とされ、科学技術における機能はあまり重視されない。

前者においては科学技術の専門的過程から徐々に背景的なものが浮かび上がってゆく。その形態は文化や社会として言明できるかのようでもある。しかし後者においては背景的なものの中でも、文化や社会だけでは説明し切れないものが意識されている。これらの二つの風景デザインの事例を対比することによって、背景的なイメージが風景として作られる過程がより理解しやすくなるであろう。

二つのフィールドから、実際に風景がデザインされる現場では何が行われているのか、風景の形態と配置が決められてゆく過程を参照しながら、科学技術や文化、社会の反映を超えた風景の魅力がいかに構築されてゆくのかを考えたい。

（1）土居は、ユートピアと同じく理想ではあるが現実にはあり得ない人工的に作られた幻想の世界という意味で、このファンタズマゴリーという言葉を使っている。
（2）社会の直接的な反映というよりも、むしろ、人々の「主体」の部分に何らかの行為を促し、出来事やモノの成立を媒介するものとして仮定される概念。
（3）地理学者のオギュスタン・ベルクは、辛辣だがわかりやすく「要するに、国際様式が至る所に同じものを作ることを眼目にしていたのに対し、このポストモダニズムは、場所がどこであれ、どんなものでも作ってしまうという原則に立っていたのである」という[ベルク 一九九三：二〇七]
（4）牛の斑毛の模様は人為的に表現できないが、ヌアー族などはこれに様々な意味を認める。このような事例をさす。
（5）例えば都市計画に伴う区画整理や用地買収では、交通の利便を考えた道路計画を行うと、地権者の所有する土地は必ず減る。所有者の職業や性格によっては、買収担当者の身に危険が及ぶことすらある。あるいは大規模な公共事業では、合理性と関係ないところで政治力が発揮され、これがマスコミを賑わすこともあることなどを考えればわかるであろう。
（6）デザインされる施設などの全体像を彩色などしてわかりやすく描いた平面図や鳥瞰図のこと。詳細な図面ではないので設計現場ではこう呼ばれてやや軽く見られる。
（7）この罠の事例はBOYER, Pascal (1988) *Barricades Mysterieuses et Pieges a pensee: Introduction a l'analyse des Epopees Fang*. pp. 55-6. Societe d'Ethnologie. Parisより引用されたものである。
（8）さらに加えておくと、このとき、ジェルはもう一歩踏み込んで保留(retention)と予兆(protention)という概念を提示している。ジェルのいう芸術家も当然に歴史的、文化的に構築されている。このような構築がなされてきた時間の流れの中で、様々に文化的に構築されたオブジェクト形態が、（ラポポートのいう「誘因子」と同じ意味での）エージェントとして作用している。これを保留という。同時に、今まで述べた破れたイメージのような形態が、発想といった形でエージェントとして作用する。これを予兆という[GELL 1998: 234-5]。

第三章　ランドスケープデザインにおける実践

本章では、ランドスケープデザイナーたちによる実践の過程を検討する。風景のデザイン過程は設計図面を書き上げる作業が中心であり、その図上に表された形態は、全て何らかの用途があって、その用途を満足させるように作られることは専門家だけではなく、広く一般に自明のこととして受け入れられている。おびただしい数の形態によって風景は設計されるが、風景を構成する個々の形態は、その用途を満足させる機能を担っており、これらの形態は、全体の用途や機能を満足させるように、機能的に並べられると専門家たちは信じている。

しかし専門家たちが、名付けえぬ魅力を持ったデザイン、つまり本論の冒頭で述べた風景芸術作品のような魅力を持ったデザインを試みるとき、用途や機能を満たした形態を作っただけでは、そのような魅力をデザインすることはできないことが多い。そこで、専門家たちは様々な試行錯誤を行い、魅力的なデザインを図面上に表そうとする。

この図面上に表されたデザインは、やはり、全て何らかの用途があって、その用途を満足させるように作られたものとされる。デザインが完成した時点で、様々な試行錯誤の痕跡は消去されるのである。これまでの章で見たように、ランドスケープデザインや建築学においては、このような魅力は科学や文化の現れと考えられてきた。完成されたデザインや施工された形態は、科学や文化の裏付けを持った前景的な存在であるかのように扱われ、名付けえぬ魅力を持ったデザインを作ろうという試行錯誤は排除されている。しかし完成時に消去されてしまうような、名付けえぬ魅力への努力を科学や文化に還元することは適切だろうか。

完成された前景的な風景から排除される試行錯誤の過程は科学や文化に還元し切れない、専門家たちも気づかぬうちに行われる行為でもある。この過程における試行錯誤に注目すると、名付けえぬ魅力を持ったデザインを作ろうとするデザイナーたちの行為が浮かび上がってくる。

一　デザイナーによる科学技術の再考

（一）　住民に向き合う専門家たち

一九六〇年代からいわれるようになった近代都市の造営における画一性への批判を受けて、都市デザインの専門家たちは、住民参加の手法を模索するようになった。一章で述べたように、この専門家たちは、近代都市の画一性と住民への奉仕という特殊性の正反対の方向への努力を行い、それを都市空間などと呼ばれるような実体に結実させねばならない［ルフェーブル　二〇〇〇：五六七］。この中で住民の抱く地域への感情などは文化人類学研究の対象とされてきた。しかし、専門家が住民へ奉仕しようとしてきた努力は、一章で見たように、文化人類学研究においてはどちらかというと否定的に評価されがちであった。

多くの都市デザインは専門家システムのもとにおいて、中央から周辺へという均一的な秩序を持って作られてきた。この配置は植民地主義とともに世界に普及し、均一的なデザインの都市が世界に作られることになった。かつてはそれが都市の進歩であったのだ［Rabinow 2003］。非西洋社会、特に植民地だった地域が非植民地となった後も、この近代都市計画の手法（あるいは西洋化）は継続される。そして現在も、人工環境としての都市・地域造営は公共事業として行われ、建築土木技師やランドスケープデザイナーなども専門家として加わり、均質なデザインが行われている。

これは、住民に対して均質な秩序を持った都市を提供することでもあり、特にポストモダン以降、批判されてきたものでもある。同時に、一章において述べた、ロウによる南米植民都市の事例に見られるように、均一的に造営された都市において、その住民たちはさらに新しい意味づけを行うこともあるのである［Low 2000］。

また専門家集団も、住民に奉仕する観点からは、単なる均一化を反省して技能を駆使しなければならない。専門家社会と住民との乖離が問題にされ始めた一九七〇年代の都市計画家ロバート・グッドマンが、「私たちは警官や軍隊のような抑圧のシンボルじゃない」［Goodman 1971: 12-3］と表明したように、専門家たちは住民参加プロセスを模索していった。今日、住民参加は「先進国」だけではなく開発援助の現場にも応用されている。専門家はむしろ均一化の手法に工夫を加えることによって、これを超えようとして、単なる均一的な人工環境に終らない形態をめざして努力してきたのである。

（二）　ネットワークの中のデザイナー

伝統文化を記録する文化人類学においては、デザイナーは科学技術の担い手であり、研究の主題とされにくいかもしれない。しかし二章で述べたグリーンウェイ（カナダのトロント市）の事例［Cooper 1999］に見られるように、完成された人工環境から消去された紆余曲折の過程を見ることは、公共的な空間の成立要因に社会や文化を見るのとは異なる考えをもたらすものである。

政策としての都市や地域の造営における、このようなデザイナーの立場は、専門家システムの中で成立しているものであり、デザイナーたちは普遍的で、世界中どこでも共有できる科学技術の手法によって都市空間を作ろうとする。これと同時に、彼ら彼女らは画一的な空間となることを避けようとする。

デザイナーは自ら手を動かして形態を製図する。その過程は最終的な完成品に向かって一直線に進むわけではなく、様々な利害が交錯した結果として、修正につぐ修正が行われる。そうやって描かれた最終的な形態は、実体として施工され、完成するのだ。この過程では、様々な設計条件や、利害の交錯、過去から引き継がれている形態、よいものを作ろうとするエトスなどがデザイナーに作用している。ここにおいて、デザイナーたちの行為は、既存の科学や文化に依拠しつつ、それらだけに止まらない形態を作り上げようとするのである。

デザインの現場における専門家の作業においては、合理主義やそれ以外に由来するアクターがいかに働き、いかにデザインされた形態へと至っているのであろうか。

二　ランドスケープデザイナーたちの試行錯誤

（一）　日本における専門家システムの成立

都市におけるパークシステムは、一九世紀のイギリス・ドイツ・アメリカにおいて主になされた。これは、為政者が都市をコントロールした結果ともいえるが、一章でも述べたズッカーによる西洋都市の例や、あるいはロウや小林が挙げた南米の諸都市に反映されるコスモロジーのように、古代から引き継がれている宇宙観を用いて科学の立場から都市を再解釈したものとも考えられる。

日本では明治維新と前後して、西洋化政策の一環としてパークシステムが移入された。このとき公園のデザインは政策として西洋を意識して幾何学風にされたばかりか、植えられる樹木まで西洋のものが選ばれた。造園史家の白幡洋三郎によると、このときに形成された西洋をパラダイスとする日本の公園像は現在にも引き継がれている［白幡 一九九五：一〇］。日本のランドスケープデザインにおける専門家システムはこの公園像を実現するシステムとしても見ることができる。

日本の公園史は幕末から始まる。当時の開港によって、欧米人の居留地も同時に定められ、そこに居留した外国人の要望によって作られたのが日本最初の公園だ。やがて明治維新以後の欧化政策によって、本格的に西洋の都市づくりが取り入れられ、日本人が自分たちのための公園を作り始める。知事などの指導的な立場に任命された(1)「開明的」な官僚たちは、新潟市の白山公園、札幌市の偕楽園(2)など、各県各地に西洋的な公園を作ることになり、公園の普及に重要な役割を果たした。公園を作ることは西洋化であるが、具体的には西洋の都市景観を作ることであり、衛生的な都市を作ることであり、国民が四民平等の理想のもとに、健康的に集う場を提供することであり、つまり官僚から見て美しい都市を作ることである。これは渋沢栄一がハワード(3)の理想を輸入して作った田園調布としても実現され、戦後に至って、緑のマスタープランを経て、緑の基本計画という自治体レベルの都市計画となって現在に至っている。

造園学の教程で教えられる公園史は、ざっとこのようなものであり、筆者もこう教わってきた。要するに日本公園史は、進んだ西洋の文物を官僚が取り入れ、欧米に追いつくために啓蒙することであるという、典型的な非西洋諸国のアプロプリエーション（接合、すなわち他文化の事物が、元のものとは異なる文脈で別の文化に取り入れられること）のパターンである。日本のオープンスペースは、制度としては常に欧米「先進」国を規範として現在に至っている。

初期の公園は、その精神が国民に理解されておらず、地方県知事が主導して作り始めたのが実状である。それは廃された旧城址や遊休地に作られた。このような公園を作ったのは、当時としては欧米の事情を詳しく知り得る立場にあり、また行政上大きな権限を持っていた高級官僚たちであった。一八七一(明治四)年に北海道開拓使判官の岩村通俊(一八四〇－一九一五)によって札幌本府(現代の札幌市中央区と北区)に開設された偕楽園は日本の公園の草分けといわれる。また明治五年、新潟県令楠木正隆が着工した新潟遊園(現白山公園)も「開明的」な官僚が作ったものである[高橋 一九八六：八五—七]。

公園が都市計画の中に位置づけられたのは、一八七三(明治六)年の太政官布達によってである。(4) 一八八九(明治二二)年には、日本初の都市計画が東京都市区改正審査会によって発表され、この中で、東京市中に五二ヶ所の公園が計画された。この市区改正をもとに、日本初の都市計画公園である坂本町公園と日比谷公園が設置されたが、財源不足により他の公園は設置されなかった。

このとき、明治政府は公園を増加させるため、旧来から公園的に利用されてきた社寺境内に注目している。社寺境内を公園として指定し、利用させようというものである。庶民が集うオープンスペースとしては、これはまっとうな方法であり、社寺の側としては旧来通り、境内での露天商や見せ物の商業活動からの賃貸料をもとに境内を運営してゆけばよいはずだった。しかし政府側としては西洋的な公園の利用を念頭に置き、露天商や歌舞などは禁止しようとした。この点について白幡洋三郎はこう指摘する。

開国以後に、欧米に出かけた日本人が、欧米大都市の華麗さに感激したのはなぜか。ちょうど各都市が公園を備える時期にぶつかったこともあるが、彼らが欧米の都市中流民と共通する美意識をもった知識人や、指導者階級だったからだ。公園が生まれた歴史的必然性は、このような施設をぜひ必要とする階級がまず西洋に誕生したからである。日本の近代公園制度もそのような施設と制度をぜひ必要とする人びとが存在したからこそ生まれた。

日本に生まれるべき公園は、たとえそれが古くからある盛り場や名所に公園の名をかぶせただけのものであったとしても、盛り場や名所はそのままであってはならなかった。

公園制度を推し進めた人びとはあきらかに、日本を先進国に仲間入りさせる必要があると思っていた人びとであり、都市計画からみれば先進国と認められるにふさわしい都市、すなわち「近代的」な都市が必要だと考える人びとであった。

公園の計画並びにその設置やデザインにおいて、わが国がいかにも行政主導的な色彩が強いのはこのためである。都市公園制度からみて、欧米諸都市の都市中流民に当たる人びとを、わが国でさがすとすれば、それは行政にたずさわる人びとすなわち役人であった［白幡　一九九五：二八―九］。

明治の官僚たちは都市の西洋化をめざしたわけだが[5]、これは現在、公園緑地の効率的な配置計画において、次々に欧米の公園緑地思想を取り入れるということに引き継がれている。加えて設計者はよい公園をデザインしようと心がけている。これによって、都市を美化し、都市に自然をもたらし、環境問題が緩和される。公園では人々が集い、日光浴や遊び、散歩を行い、共同体の核として何か話し合いをするといった豊かな社会生活を行うというイメージが専門家たちによって抱かれている。それは明治の官僚が理想とした欧化の風景であり、生活である。このようなロマン的なイメージは、明治の官僚たちにとっては欧米で実現されているものであったし、設計を仕事とする現在の技術者達にも受け継がれている。業界団体や官庁が行う技術研修会では、「欧米に比べて日本は〜」というお決まりの内容の講演を聴かされることが多い。これは例えば都市デザインに携わる技術者の以下のような著述に見られる。

映画で見たイタリアの広場、ヨーロッパへ行き、その中で過ごしてみる広場の快適さと美しさ。都市デザインの専門家の中には、都市の都市たる賑わいの装置は広場に尽きるのではないか、という思いが強い人もいる。日本で広場らしい広場がつくられないのはなぜか。『広場らしい』とはどのようなものであろうか。そこで営まれる活動は市民に対して自由で、共通のルールが守られていれば、市やオープンカフェ等の営業行為もできる。空間面では町の中心に近い場所に位置し、多くの場合、周囲を建築物で囲まれている。市民の自由な活動が人々を呼び、賑わいや地域コミュニティの核となる、といったイメージで語られる［屋代・田島・栗原 二〇〇六：四二］。

この記述に見られるように、「後進国」である日本の街をヨーロッパのようなものにしようという、幕末から明治にかけての官僚たちの意気込みは、現在のデザイナーたちにおいても全く変わっていない。しかし一章で触れたように日本における前空間性は西洋のものとは異なっており、街の中心に広場のようなオープンスペースを置くものではないので、日本のデザイナーたちが努力したところで、南米のように、植民都市の広場が現在でも住民のアイデンティティを託されるような重要性は、日本においては持ち得ないであろう。二章で引用した土居のいうように「広場的な幻影」［土居 一九九七：三二三］は、科学技術によって実現可能なものとしてデザイナーたちに作用しているのだ。

明治維新以降、日本は近代化したどころか、西洋を追い越す技術国であり、経済大国となっている。しかしこのような理想化された西洋のイメージ、つまりヘテロトピアとしての公園は、土居の指摘のように「捏造」された部分もあろうが、常に強固に専門家に作用している。そしてこのイメージが実現できない以上、日本の風景は西洋に比べ「後進」となる。一章で見たラビノウのいうオースマン化に加え、外見だけでも西洋化をめざすという日本の公園緑地政策は、為政者による国民への画一的な施設の押し付けともいえるが、同時に利用者にとっても西洋の都市の風景が機能的かつ魅力的なものであるはずであり、デザイナーたち自身もこの実現をめざしているのである。

ここで、公共施設における「利用者」を再検討しなくてはならなくなる。利用者とは当然施設を利用する人のことである。施設というオブジェクトがある故に、その利用者が想定され、明確な機能を持った公園緑地というオブジェクトを利用するために来訪する人は利用者である。しかし実際の現場では、明確な機能を念頭に置き、それを利用する目的を持って公園を訪れるという者は想定しにくい。

筆者はある都道府県庁クラスの役所で公園緑地を担当している技術者の方と、辺鄙な漁村を視察して回ったことがあった。彼はこの業界に多くの技術者を輩出している名門大学の出身であったが、そのときに彼がいうには

> ここらの町にいた頃〔筆者注：仕事で駐在していた頃〕、道路に街路樹をつけたんだが、そのときに、町民の大反対にあってな、整備するのに苦労したよ。さっき通った町じゃ、街路樹を作るといったら歓迎されたのに。あっちの方が意識高いね〔技術公務員管理職・五十代・男性〕。

との話であった。つまり、「民意」を尊重するなら、公園緑地は必要ないということになってしまうのだが、作る側としてはそうはならない。専門家としては緑を増やすことは理念として正しいので、住民に反対されても公

園緑地を増やすことは正当であり、それは意識の低い住民を啓蒙することなのである。

専門家は、科学技術の発展が勝ち得た施設である公園緑地を作ることによって、利用者の暮らしを豊かにし、同時に利用者の声を取り入れ、さらによい公園緑地施設を作ろうとする。現実ではこれらは相反することもあるが、公園緑地が最も進歩した施設であることを合理化するには、啓蒙者にならざるを得ないのである。

このような専門家の社会集団は、現在においては計画と設計を請け負うデザイナー集団のほかに、その仕事を発注する国や自治体の公園関係部局と造園学や都市計画学を研究する各種機関がある。これらに勤務する専門家がそれぞれの立場からよりよい公園緑地を作ろうとその技能を磨いている。

しかし、よりよい価値を持った形態の判断は難しい。ランドスケープデザインの作業には構造工学・土質工学・植物生態学・水工学・統計学などの専門知識が必要であり、高等教育機関では将来の専門家のために、これらの教育研究が行われている。しかし美しさやアイデンティティなどをどう形態的に表現すべきか、これらの科学技術は答えてはくれない。ランドスケープデザインの専門家にとって数値で表すことのできる性質の客観性、つまり科学技術から見ての普遍性がなくては、作られた形態に対する価値の判断は困難だ。

かつては役所内の営繕部門で行われていた公園緑地計画と設計は、戦後にはコンサルタントが行う独立した業種となる。その仕事の流れは「計画→調査→設計→施工→管理」というものである。この時期に専門家集団として、また計算の中心としてのデザイナーが出現したといえる。

本章のフィールドの舞台となる北海道において、この全てのプロセスのうち、施工は戦後すぐに民間に発注されるようになる。しかし一九五〇年代後半から公共投資が増えると、役所内で設計業務をこなす非常勤技術職員が激増する。彼らは全て保険や年金の対象外であった。これを解消するため、行政主導で設計や計画の実務を請け負う業者が作られたのが、実際に製図を行い、形態を決定するという、コンサルタント会社に勤務するデザイ

ナーが生まれた背景である。(6)

このような設計会社はコンサルタント会社、建設業界の俗称としてはコンサルと呼ばれる。筆者は一九九二年四月から九六年七月までこのようなコンサルの社員として公園緑地の設計・計画業務を担当した。またこれ以後現在に至るまでフリーランスの立場で同じ業務に関わっている。

筆者はまた、大学において上に述べた専門家システムの一員となる教育を受けたが、この実務の世界では、江山のいう近代造園学[江山 一九七七：一―四]の理想とはかけ離れた現実を体験することになる。それはルフェーブルのいう通り、均質性と差異性という矛盾した価値を、ひとつの形態に表現するという「苦々しい」[ルフェーブル 二〇〇〇：五六七]作業の連続であった。

（二） ランドスケープデザイン業務の流れ

計画設計における様々な検討事項を専門家の判断だけで決めるのは倫理にもとるとされるが、住民に由来する多様性をデザインに組み入れるのが困難なのは、住民の性向はデザイナーたちにとってきわめて特定しがたいことにもよる。本項では公園緑地を例に取ってランドスケープデザイン業務の流れを紹介するとともに、この点を解説したい。ランドスケープデザイン業務の最終的な目標は、住民が利用するに足る公園緑地を完成させること(7)である。ランドスケープデザイン業務は「企画→構想→計画→実施→運営」となるが、これはコンサルとの業務の関わりから次頁の表3-1のように整理できる。

公園を設置する国・都道府県・市町村が、議会において公園緑地の造営を決定し、予算化する。これ以降に計画設計業務が行われ、設計図面をもとに施工が行われ、完成・供用という流れとなる。この流れの中で、国や自治体はコンサルに計画設計業務を発注し、報告書と設計図面を成果品として受け取る。この後に国や自治体は施

表 3-1　ランドスケープ業務における作業工程の概要

			⟶ 計画・設計作業（コンサルの作業） ⟶						⟶ 施工作業 ⟶		供用（完成）	運営
		業務項目／作業項目	企画	構想	計画	基本設計	⟶ 実施設計 ⟶（地質調査・測量）	実施設計	（材料の調達・施工，組立図の作成）	工事		
↑現況調査項目↓		土壌	⟶	⟶	⟶	⟶	⟶					
		地形	⟶	⟶	⟶	⟶	⟶					
		気象	⟶	⟶	⟶	⟶						
		植生	⟶	⟶	⟶	⟶	⟶					
		インフラ（法制度，上下水，配電，道路交通の状況）	⟶	⟶	⟶	⟶	⟶					
	↑設計・計画検討項目↓	利用者の性向	⟶	⟶	⟶	⟶		⟶				
		運営計画	⟶	⟶	⟶	⟶		⟶				
		用途	⟶	⟶	⟶	⟶		⟶				
		管理・運営のし易さ	⟶	⟶	⟶	⟶		⟶	⟶			
		予算	⟶	⟶	⟶	⟶		⟶				
		安全性	⟶	⟶	⟶	⟶		⟶	⟶			
		施工性	⟶	⟶	⟶	⟶		⟶				
		費用対効果	⟶	⟶	⟶	⟶		⟶				
		設置すべき施設の立案・選定	⟶	⟶	⟶	⟶		⟶				
		上下水・配電施設・道路・建築構造物	⟶	⟶	⟶	⟶	⟶	⟶	⟶	⟶		

工会社に施工を発注する。[8] ほとんどの場合施工会社は一社ではなく、土木工事・電気工事・下水工事・建築工事・植栽工事、ベンチや四阿、スポーツ施設などのファニチャー工事を行う業者に別々に発注される。[9] これらの業者はまたさらに細かい工事区分の業者に分かれている。国や自治体の関係部署、多くは公園課という名前であるが、その部署の技術者が、コンサルが製作した図面をもとに工事を管理することになる。

ここでコンサルが行う報告書と設計図面を製作する作業は、表3-1に示したように、企画・基本計画・基本設計・実施設計という段階を経て詳細なものになってゆく。この四つの段階毎に、現況調査項目と計画設計項目全てがコンサルによって調査検討される。企画の段階(多くは金銭の授受がともなわない、つまり仕事というより役所へのプロポーザルの段階である)においては概括的なものが、基本計画業務・基本設計業務・実施設計業務と進むにつれて、業務名称が示すとおり、精密なものにされてゆく。

表3-1の縦軸において挙げた作業項目は、企画、基本計画、基本設計において全て検討されるが、左から右へと進むにつれて、精密さのレベルが上がってゆくわけである。基本設計のデータを受けて実施設計が行われる。実施設計はコンサルが業務として関わる最後の段階となる。[10] 実施設計は工事に使用する図面を作成する作業であるから、利用者の性向や運営計画はこの段階に入るまでに全て検討をすませ、工事に必要なデータのみをそろえる。実施設計の成果品である実施設計図面は、街区公園(面積〇・二五haの、いわゆる児童公園)の場合で、A１サイズの図面が三〇枚前後、国営公園レベルになると一〇〇枚を越え、最大の製紙規格であるA０サイズを越えた特注の用紙で作られることもある。

実施設計が終了してコンサルの業務は終了するが、設計作業自体は継続され、施工業者によってさらに精密な図面が作られる。実施設計図面は主に役所の担当者が施工を管理するために使われる。これをもとに施工会社では植木の調達可能性、鉄骨の取り合い、ネジ位置など様々な要素を考慮して、実際に体を使って施工する人間が、どう組み立てるかわかるレベルでの詳細な図面を製作する。このレベルはコンサルの成果品と外見は変わらないが、コンサルが対応できないレベルでの細かな情報がさらに書き加えられ、新たな施工図面が作られることが多い。この施工用の図面は施工業者が自分たちで使うためのものであり(施工業者にとっては施工された施設が成果である)、工事を行い完成させるという視点で見ると、全ての計画設計作業は、表3-1に示したように、建設物の工事という作業に収斂してゆく。企画段階での気象条件や交通条件、利用者の性向などといった変化する条件は、設計作業を通じて実際に作られる施設へ、つまり安全頑強で不変なオブジェクトへと作られてゆくことになる。

このときあいまいな点が設計図面にあると、施工業者は組み立てられず、工事はストップする。よって、製作する上であいまいな要素は設計終了までに全て取り除かれなければならない。

ここで背景的な要素は前景化され、あるいは無視、棄却される。これを、住民のために行うことを期待されているのが専門家システムの中の専門家、本書でデザイナーと呼ぶ者たちである。そしていかに背景的な情報を、あいまいさを排除した明確な形態として図面に取り込んでゆくかが近代造園学の成果のはずであり、またデザイナーの腕の見せ所でもある。

この過程において、住民は、目的を持って施設を利用する利用者として検討項目に加わる。しかし、利用者とは誰のことなのだろうか。専門家たちは、何らかの目的を持って施設を利用する利用者を暗黙の前提としており、その利用目的に対応した道具的なオブジェクトが施設だ。専門家は利用者と一言でカテゴライズするが、明確な目的を持ち、それを専門家に直接要求する利用者は少ない(少なくとも筆者が経験した限りでは存在しなかった)。

植生や地形といった他の検討項目は、予算・工期・施工性・材料調達などの兼ね合いから、それなりの苦労はあるとはいえ、合理的に決定できる。しかし利用者に関しては最終的な形態に反映させる過程が合理的とはいい切れず、ここに専門家による試行錯誤が行われるのである。

近代造園学のパークシステムにおける理想とは、中央から周辺へ系統的に配置されること、緑が多いこと、地域住民が集うこと、利用者の利用目的にかない、機能的であること、都市を美しくすることなどが挙げられよう。しかし、現実は、専門家システムによって、機械的に均一な人工環境が作られてゆくわけではないのだ。本項においてはその実例を述べたい。この事例は、通常の参与観察のようにフィールドデータを得る目的で調査を行ったものではなく、筆者のデザイナーとしての経験をデータとして扱ったものである。[11]

(三) デザイナーたちの試行錯誤

利用者の利用目的というのは、どちらかというと多様なものであり、機能的というのは用途を持った施設を合理的に作り上げるという均質的なものである。この両者は時には対立するが、想定される利用者の声を聞くことによって、設計の目標を設定することができるとされる。しかし例えば美しくすることは、想定される利用者の声を聞くことによって達成できるものなのかどうかは不確かである。にもかかわらず専門家としては、想定される利用者の意向を設計に反映させざるをえない。

科学技術による合理性は形態に明確な機能を求めるが、これと美しさというあいまいなものを両立させることは、デザイナーにとって難しい。この両者の間で専門家たちが板挟みになることに対して、ぼやいたり奮闘したりということは、特に珍しいこととは思われないかもしれない。しかしこの過程(表3-1)を科学技術の専門家による施設の造営としてではなく、その施設へと至る過程として見れば、排除されるものや、科学技術の視点から見ただけではわからないものが浮かび上がってくる。

科学技術から見た施設においては、衛生や安全といった機能が重視される。このとき専門家たちは、自分たちが作ろうとする施設を、明確な目的を持って利用しようとする、利用者という社会的分類を設定しなければ、住民のために働くことができなくなってしまう。利用者が望むこと、その公的な価値観を形態に表現するのがデザイナーにとっては正義であり、CUDOSの発露なのである。そうやって作られた都市空間はフーコーのいうヘテロトピア[Foucault 1986: 24-6]そのものである。

しかし科学技術の専門家であっても、デザイナーたちはこれに対して違和感を覚えることもあるのである。このような違和感は主観的なものとされ、業務打合せなどの公的な場では倫理上また立場上、専門家たちは口にはしない。だが専門家が自らの主観的な違和感を無視して公園緑地の設計や計画を行ったら、近代造園学が理想とする空間ができあがるかというと、そうではない。以下にその事例を紹介したい。

1　公園の必要性と系統的配置の破綻

公園は、住民のために最適な場所に作られる。これはどういうことかというと、全ての利用者の家から平等な距離に公園緑地が配置されているということである。

一章で述べたようにエベニーザー・ハワードはこれを理想的な田園都市として提案した。中核都市を中心に、同心円状に衛星都市を等間隔に並べ、鉄道交通で連結し、緑地帯を挟むもので、この緑地帯は公園だけではなく、畑・牧草地・森林も含む。中核都市で人々は働き、衛星都市で人々は住まうのである［ハワード　一九〇七：八―九］(原著は[Howard 1902])。これは、都市の過密化を防ぎ、かつ労働や生産活動も盛んに行い、衛生的な環境に住まうことができるというものである。この考えはクラレンス・A・ペリーによる近隣住区論として引き継がれる。住宅地は小学校の学区(近隣住区単位)に分割され、その中央にはコミュニティ・センターが置かれる。また近隣住区はさらに分割され、その中には小公園が置かれるというヒエラルキーとなる［ペリー　一九七五：一二三］(原著は[Perry 1929])。これが、キリスト教会の教区の考えから教会を取り去ったものであることは、よく指摘される。

中核都市と衛星都市のシステムは、共用の公共空間を核とした近隣住区というアイデアによってさらに明確かつシステマティックなものとなった（図3-1）。現代でも日本の都市公園はペリーの近隣住区論に倣い、中央から周辺へのヒエラルキーを守っての配置を奨励する政策が取られている（図3-2）。

公園というオブジェクトには、伝統的な広場として集会や祝祭や儀礼の舞台となり、過密した都市に緑を導入することによって良好な衛生環境を創り出し、統一的で壮麗な都市の美しさを演出する機能が期待されている。そのためにはかつての理想都市における広場のヒエラルキーと同じく、中央から周辺への前空間的な秩序が必要であり、それは平等で公平という理想として現代の公園に再び現れることが期待されているのである。

しかし理想はあくまで理想であり、現実は異なる。例えば都心などの人口密集地域は公園緑地が少ない場合が多いので重点緑化区域という形で、環境衛生と都市美のために重点的に公園を作らなくてはならない。しかし都市公園は地形地盤の悪い所（つまり建築に適さない所）、ひと気のない郊外に計画されることが一般的に行われる。以下の事例は公園がいかに気にも止められない存在かを示すものである。近年は公園を計画する際にワークショップ（住民の意見を採り入れるための集会のことを近年はこう呼ぶ）などを開催する自治体が増えてきている。このワークショップに住民たちを集めることは容易ではない。ガス漏れ修理工事の説明会に一〇〇人集まっても、同じ町の公園設置のワークショップには数人程度しか集まらないこともある。

あるデザイナー［設計事務所勤務・三十代・男性］は、北海道のある都市で、公園のリニューアル工事のために二〇〇二年の年度初めに開催されたワークショップの事例をこう語る。

デザイナー：近所でガスの管が曲がったか何かして漏れてたんだよね。そんで、その説明会を役所でやったら、一〇五人くらいきたんだよね。んで、次の週は公園の説明会だった。町内会長は、「この

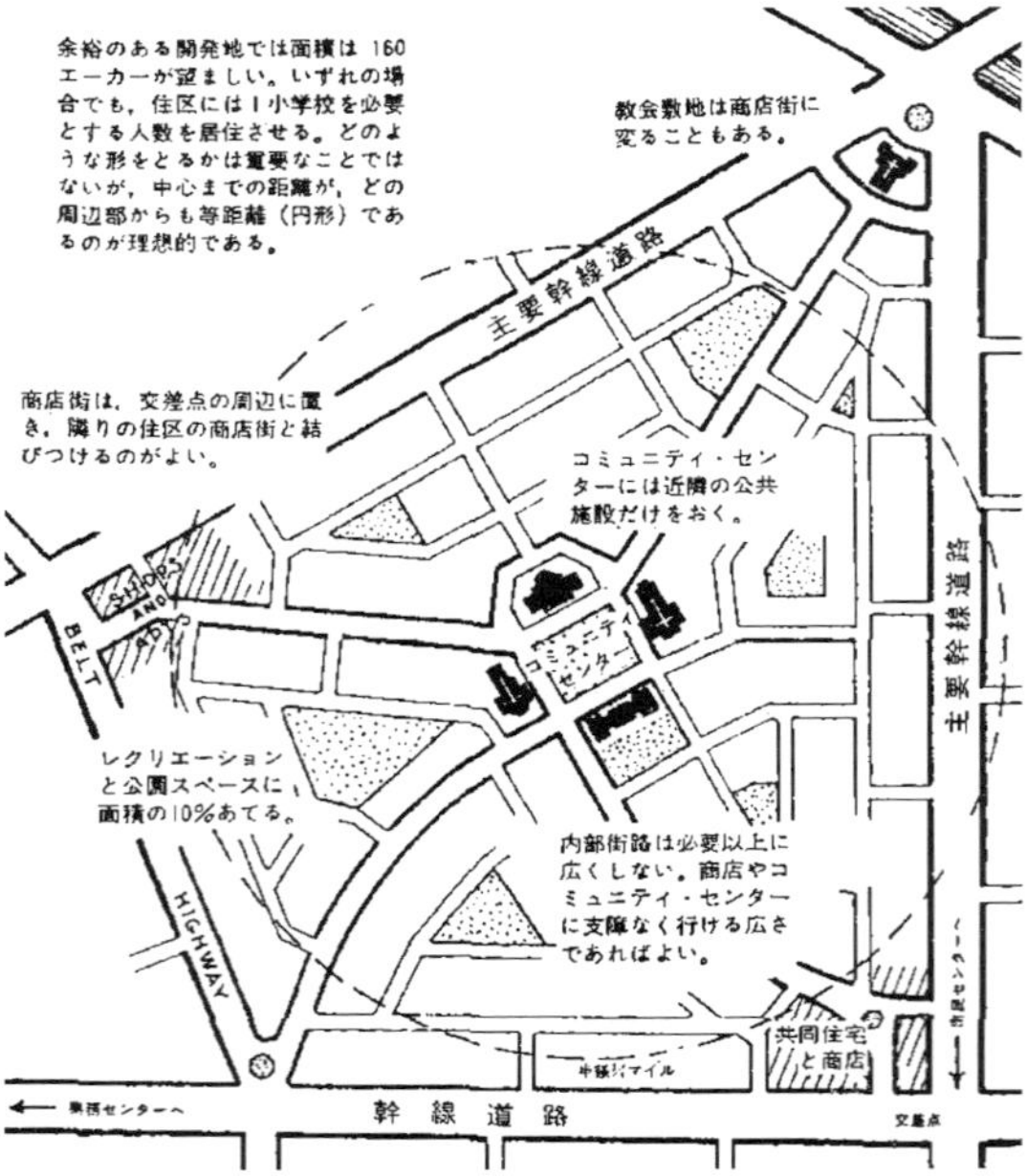

図 3-1　C・A・ペリーが提唱した近隣住区単位

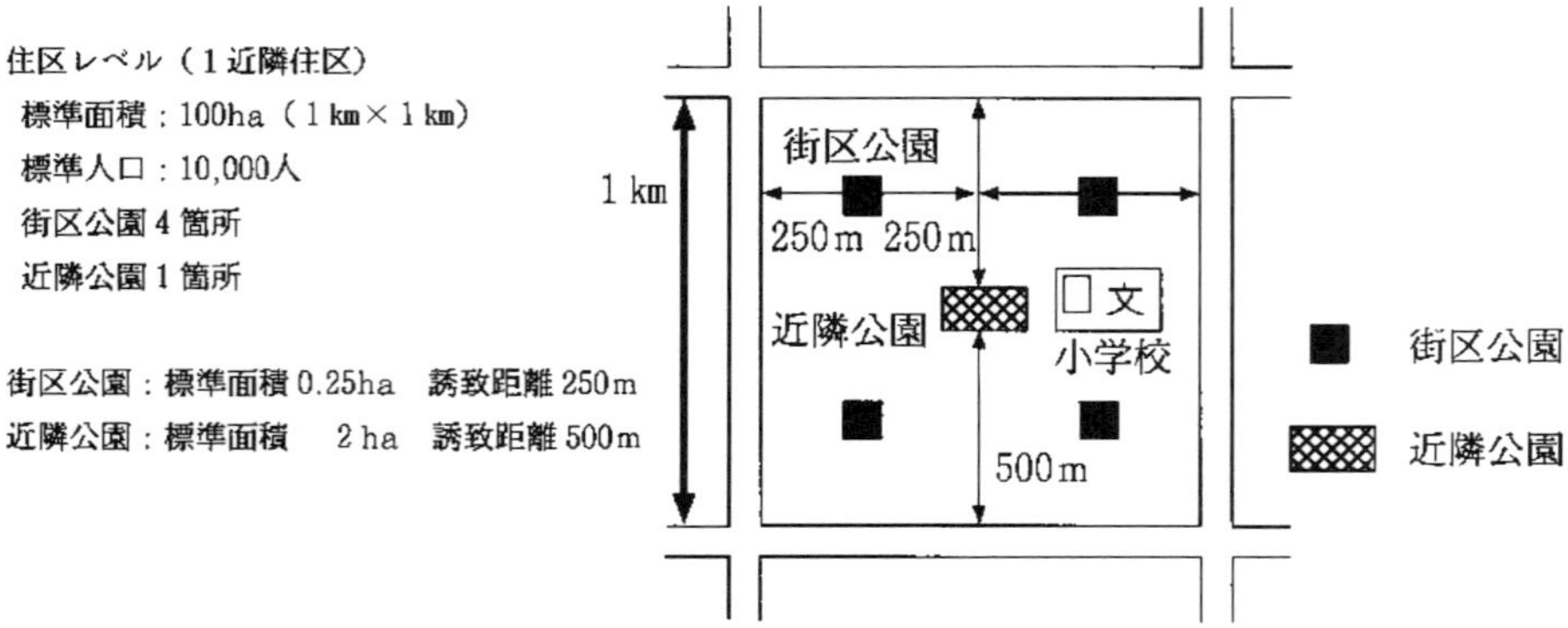

図 3-2　日本の近隣住区における標準的な公園の配置

調子じゃ一〇〇人は堅い」っていってたんだけど、ぜんぜんだった。

筆者：何人きたんですか。

デザイナー：五人しかこなくて。

筆者：ガス漏れは危険ですからね。

デザイナー：うん。でも町内会で集めてもらって五人じゃ、意味ないよね。公園作るっていっても、向こうが自発的に説明会開いてくれっていって来た訳じゃないし、あってもなくてもどうでもいいものなんだよね。強く感じたよ。

そして住民が集まったからといって、地域の実情や歴史性を反映したデザインを提案してくれる訳ではない。素人や子供の意見に何か専門家を唸らせるものがないか、デザイナーたちは期待する。確かに物怖じせず、勝手に発言してくれる子供の存在はありがたいし、思わぬアイデアを出す場合もあるが、常にそううまくゆくわけではない。手短にいうと、作る側から見ると、住民というのはあまり公園に関して熱心とは思えないのである。先に述べた例でも言及したが、公園に関して熱心ではないというよりも、私たちはこれこれの理由で、このような公園が欲しいという主体性のある問いかけは全くなされないのである。住民としては公園を作ってくれるのはありがたいが、別になくてもよいのである。

上の事例とは別の北海道内のある都市において、一九九八年度に緑の基本計画が道外のコンサルに発注された。発注された会社は道内に専門のデザイナーを常駐させている訳ではなく、東京の本社において作業を進め、北海道の都市や自然環境に詳しい筆者が協力した。このような場合、役所の公園担当者は、その市の実際の公園緑地の状況をもとに、コンサル会社の作業をチェックしなければ、地元のための計画は不可能である。しかし役所の担当者は、現状の公園緑地面積すら確認しようとしなかったし、どこに公園を作るべきかについて全く関心を示さなかった。結局、現状の公園緑地に改変を行いたくないという役所側担当者の意向により、既に都市化し、地権者の土地境界が入り組んでいる都心部の公園緑地はそのままにされることとなった。公園を重点的に造営するのは、これから宅地造成が行われる平坦な郊外部とされたのである。

公園は住民のためのものであり、どこに公園を作るかは住民にとって非常に大切な問題であるはずだが、その役所側担当者は、市の住民と話したことすらない筆者たちコンサルが教科書通りの公園配置計画を作っても、全く意に介さなかった。なぜかというと、市民からは何の不満も挙がらないことがわかっているからである。役所の担当者にとっては計画を作ることが法令で決められているから作っているのであり、それ以上でもそれ以下でもない。これでは専門家たちは住民のための仕事をするどころか、政策で目標づけられている面積や施設数を満たすことだけが関心事となってしまう。右に挙げた市とは別の、ある役所の中堅スタッフの公園担当技術職員[三十代・男性]は、非公式な場で筆者にこう漏らしている。「公園なんて別にあってもなくてもいいものなんだよ。だからどこに作ったっていいのさ」。

彼は大学院で公園緑地の利用について研究した経歴があり、公園緑地の理念の実現には理解を持っている。しかし結局、公園緑地は理念とは裏腹に、住民にとっては「あってもなくてもいいもの」なのである。また専門家としてもそう割り切らねば、とても仕事にはならない。

近代造園学の立場からいえば、使う側は常に欲しているとはいわないまでも、公園があればあるほど満足するはずである。専門家システムから見ると、公園を使う側は何らかの目的を持って積極的に公園を使いたがる利用者として意識される。このため、公園を積極的に使おうと思わないが何となく使う人や、公園を欲しているが使わない人、公園に興味がない人は、専門家システムからは対象化されにくい。

社会心理学者の村本由紀子による研究では、公園利用者は、明確な目的とアイデンティティを持った社会集団とはいえない。とはいってもラジオ体操や植樹祭など共通の目的を持って行動する場合もあり、烏合の衆のようなバラバラの集合状態でもない［村本 一九九六：一一三—一一四］。筆者の経験からいっても同様であり、公園緑地は特定の社会集団にとって切実なものとは呼べない。専門家は住民たちが「映画のように」集う「西洋の街並み」のような施設に憧れる。しかし実際にその施設を作ってみると、そこにいるのは明確な目的とアイデンティティを持った社会集団とはいえない。西洋の街並のような施設の必要性を裏書きする、共有された文化が存在していないのだ。

むしろこれは科学が対象化できていない前空間性が日本において文化とされず、公園緑地という施設においては排除されているからであろう。そのため近代造園学の立場からすると、まだまだ日本の公園緑地政策はその理想を実現していないか、あるいは利用者の「意識が低い」ため、多様な解釈が行われないのだ。

しかし住民が問題にするのは、公園緑地という施設よりも、以前からあった前空間的な城址や社寺の境内、屋敷林や雑木林、原生林などだ。これらが都市の拡大にともなって、市街に呑み込まれてゆくような場合、緑地として確保しなくては住民から文句が出る。この場合は保全をするために、貴重な自然であるということを自治体が重点緑化区域とすることによって、法的に開発をできなくする場合が多いようだ。つまり社寺の境内という前近代的なオープンスペースを近代的な都市計画の中に取り込むとき、そこには自然保護（保全）という科学技術からの視点を接合させるということになる。いわゆる生態的回廊（あるいはなぜか、英語で小通路を意味するコリドー）と呼ばれたりするものがそれである。里山や境内林は、日本人が昔から大切に育んできた生態系を守る空間という具合に説明づけられる。近年の環境保護の風潮は、日本の里山や境内林に生態系保全を接合させることとなった訳である。それは、かつての理想都市の都市広場システムが科学技術によって解釈し直されたことと同じである。境内の場合、後背の境内林だけが自然保護(保全)の観点からは価値を持つので、社寺建築の建つ境内地そのものには、法による保護の網はかけられない場合が多い。しかし、住民に説明するときには、本殿を含めた神社の写真を見せて、ちゃんと社寺を保護するように説明する場合もある。

このような住民たちは、近代造園学から見た利用者のような科学技術の想定からこぼれ落ちているが、それ故にデザイナーたちはこうした人々の声を受け止めることによって、さらに魅力的な風景をデザインしようとするのである。科学技術の視点からこぼれ落ちたことがらを住民から拾うことによって、デザイナーたちは名付けえぬ魅力を持った風景を具現化しようとする。こうして、自分たちが住民を超えた啓蒙者となり、CUDOSを満足させることができるのである。このようなデザインを提示し、利用者に喜んでもらえたとき、それはデザイナー冥利に尽きるというものである。しかしランドスケープデザイナーたちがそのような経験をすることは、ほとんどない。公園緑地の設計を公共事業として発注する役所の担当職員に喜んでもらえることはあるかもしれないが、この場合は住民の喜びを担当者自身が我が喜びとしているということに由来するのではなく、役所の無理を聞いて、少ない予算でより規模の大きいものを作ったことなどによるものである(これでは、施工の際に施工業者にしわ寄せがゆくことになるが、ほとんどのデザイナーは割り切ってそうする)。

2　公園を使うことよりも、実利重視の住民

公園への関心が高いように見えても、それは住民にとっては公園緑地の本来の存在意義を離れている事例も紹介したい。一九九〇年代から二〇〇〇年以降の期間にわたって北海道内のある地域に面積五〇haの広域公園が計画された。この公園は、複数の市町村民の利用を前提に作られるものであり、かなり大きなものである。この公園のデザイン作業においては、地域住民のニーズを反映させるべく、役所側は、公園が作られる町の商工会を主体とした住民グループを作り上げ、会議を繰り返した。

公園予定地およびその周囲には森林や小川もある。この会議での住民グループの声は、現存する自然に配慮した公園にして欲しいといったものであった。また、冬は寒さが厳しいので屋内で遊べる施設が求められた。そのほか、当時流行していたＪリーグにちなんでのサッカー場も求められた。

その後、公園計画が進み、具体的に必要な施設が形となって提案されてゆく中で、最初の「自然に配慮」の視点はどこかへいってしまった。住民の代表は札幌などの大都市にある遊園地のようなものを公然と要求し、他の住民たちも誰も異議を挟まなかった。結局、この自然に関しては、建設する前に、各種の調査文献から公園予定地に生息する動植物の内、貴重種と思われるものをリストアップし、その生態に配慮するということを公園計画の報告書に盛り込むという、ほとんど形だけのものになった。

住民グループの話し合いの最中では、公園で何をするのか、どんなことをしたいかという、ソフト面の話はほとんど出ず、札幌にあるあんな遊園地のようなものが欲しいといった、見栄えのする施設の話に終始した。施設の華美さだけが関心事となってしまった状況では、公園緑地の理想は忘れ去られる。例えばこの住民グループの中には、地域の野生動物保護に関わっていた方がいた。筆者は北海道内の動物保護のボランティア活動に参加していた関係で、彼とは顔見知りであった。その彼が、住民のグループの会議の後の懇親会で、他のメンバーや役所担当者に聞こえぬように、筆者にそっと告げるには、「あなたならわかってるでしょうけど、こんなのが自然を大切にしたとはいえないね。自然を保護するって、こんな事じゃないよ。うん〔団体職員・五十代・男性〕」。

彼が表現したのは、言葉だけで納得してしまい、実際は大きなプロジェクトが町内で行われることによる地域振興に舞い上がっている地元への白けた感情であった。また彼の主張が受け入れられる雰囲気は全くなかった。もし彼が厳密な意味での自然保護を主張し、デザインに盛り込むように求めたところで、住民グループは理解しようとせず、無視されたことであろう。

図 3-3　公的には景観と自然に配慮してデザインされた公園内中核施設

このような住民グループのことを役所内では「ウケザラ」と表現することがある。役所が事業を行うにあたって、その事業によって受益するであろう地域の人々を想定した言葉である。ともするとこれは、事業を進めるためのアリバイとして使われることがある。道路や橋など他のインフラの建設でもこれはよく聞かれる話である。地域住民が求めている生活、活動を汲み取り、それを実現するための公共事業として施設を作るのではなく、最初に公園なら公園といった所与の施設が設定され、住民はそれを「受ける」ための「皿」ということである。

このため、公園内の施設を具体的に計画する段階で、筆者は、住民との会議とは別にインタビューを試みたが、住民グループの会議で得られる以上の発言は得られなかった。設計が始まった当初、作られる施設は現地の牧歌的な雰囲気を尊重した、どちらかといえば穏健なデザインのものがデザイナーによって提案されたが、住民グループの求めに応じて、変更が加えられるたびに派手なものとなっていった(図3-3)。

これにともない、土工量(切土と盛土の量)も大幅に増加したので、もはや「自然を大切に」どころか、元の地形を改変することによって、大量に発生する建設残土の捨て場所に、筆者は頭を悩まさねばならなくなった。敷地外、あるいは郊外の土捨て場に運搬するとそれだけ費用がかさむのだ。この場合は結局、園内に遊び場としても使える大きな築山を造成するというデザインに落ち着いた。

3　形態のわかりやすさが肥大化するデザイン

ウケザラとしての利用者にとっては、降って湧いたような財の流入によって、地元が潤うという効果がある。また「利用者」としては子供の遊び場が確保できる。作る側から見えないその他の使う側にとっても、コミュニティの要にはなり得なくても、それなりにちょっとしたスポーツなどができるのでよいのである。紛いの西洋化のデザインなども好まれる場合が多いが、このような場合は、事例集や写真集から形態を借用して終りである。

例えば北欧風のデザインをセールスポイントにしたニュータウンのデザインにおいて、時間に追いまくられているデザイナーたちが参考にしたのはイギリスの街灯の写真であった。何となく西洋風であれば北欧ではなくとも問題にはならないからである。ところが担当したデザイナーは、発注者からさらに派手なデザインを求められたとこぼしていた。ある発注者はスイス風の街並みを希望し、なぜかオーストリアのチロル地方を参考にするよう指定してきた。このような発注者側の誤解を、デザイナーが指摘したところで、無益である。発注者にしても、幾多の自治体内での作業を経て、コンサルに発注しているのである。デザイナーにしてみれば、その作業に見直しを迫るような発言は顧客を怒らせかねない。あるいは地元を代表しているとされるオブジェクトの形態がそのまま流用される場合もある。例えばある町では、町内から恐竜の化石が発見されたことから、古代生物をあしらった街灯をデザインさせ、町内の要所に建設している(図3-4)。

これらのような珍妙な形態を生み出さざるを得ない事例は、設計業者の仲間内では笑い話の種になったが、同時に真面目にデザインに取り組む者たちを落胆させるものである。デザイナーたちはこのような形態を「キワモノ」などと自嘲的に表現する。キワモノだから仕事と割り切って早く片付けてしまおうということである。

公園緑地のデザイン全般にいえることだが、子供の喜びそうなものをデザインするのも一般的だ(なお、子供

図 3-4　地域特性を反映した形態とされた街路灯

の喜びそうというのは、作る側・使う側双方にとっての話であり、当の子供自身のためではなく、大人による子供観の反映である）。公園には必ずといってよいほど遊具が求められるし、そのモチーフも色彩豊かな動植物・昆虫が選ばれることが多く、これを反映して、動植物・昆虫の形態をモチーフとした遊具は既製品で数多く出回っている。公園緑地に設置される遊具の形態は頻繁に見られるものなので説明不要かと思われるが、原色を多用しており、単体でも非常に目立つ。完成した公園緑地は、遊具が目立つことによって全体から受ける印象が遊具を主にしたものになってしまう。これでは、デザイナーにとっては塗装面や部材の仕上がりが美しいとはいえても、全体としては美しいとはいえない。公園内の遊具は、造営する必要性の説明すら不用のものである。役所においては、公園部門以外の他の部門（道路・河川・農業等々）や議会にも、その公園緑地の設計細目について必要性が納得させられなければならない。よって水理や土工事が周囲に与える影響や都市計画との関連性など、様々な検討が自治体内部においてなされる。だが、見てくれを決める形態や色彩については、法律に則っているか否か位の検討しかなされない。安全性と予算が最大の関心事であり、ハイスタイル性や必要性についての重要度は低い。

ここに挙げた形態の特徴は、「説明のしやすさ」という観点からだと、逆に大袈裟に形態に反映させることによって、さらに説明しやすく、説明される方にとっては納得できるものなのである。しかしこれではデザイナーは満足できない。なんとかよいものをデザインしたい。このときに問題となるのは、技術的にいって、よいものとはどういう形のものか、デザイナーにとっても、誰にとっても、実は客観的には説明できないということだ。客観的に説明できないものは行政の文脈では作ることができない。よってデザイナーはこっそりと、主観的に、「よい」ものをデザインする。発注者である行政側の担当者も、人によってはその「よい」ものを期待して目こぼししてくれる。このような形態をデザインすることを、自治体の技術職員は「アソビ」という場合もある。このアソビがデザイナーによる実践といえるものであろう。

これは安全性や予算などの合理性の観点から説明しやすい形態をデザインすることによって行われる。表向きは合理的だが、別な表現を狙ったものである。別な表現といっても、何を表現したいのかはデザイナーにとっても明確ではない。明確ではないが、格好のよいものを作りたいのがデザイナーである。その形態は、一般的には部材の調達や施工性を勘案した幾何学的なものとなる。例えば図3-5は、とある公園の構想段階に描かれたフリーハンドによる下書き平面図である。このような図はエスキース、業界では通常エスキと呼ばれる。淡いタッチの線は樹木、太く濃いタッチの線は道路や広場、遊具などの人工物を示している。これを見ると、左側の円以外は不規則な線で構成されたデザインとなっている。

次に、数ヶ月後にデザインされた同じ箇所のエスキを図3-6に示す。これによると、人工物全てが幾何学的な円弧によって構成されているものに修正されていることがわかる。この図では無造作なタッチで薄く描かれた線が樹木を表現している以外は、より施設が識別しやすいように色分けがなされている。左側の真円はそのまま引き継がれているが、他の曲線的要素は全て幾何学的な円弧になっており、また舗装の際《きわ》なども幾何学的なアールが設定されている。さらに下側の樹木などは整然とした格子状に植栽されるように表現されている。不規則な

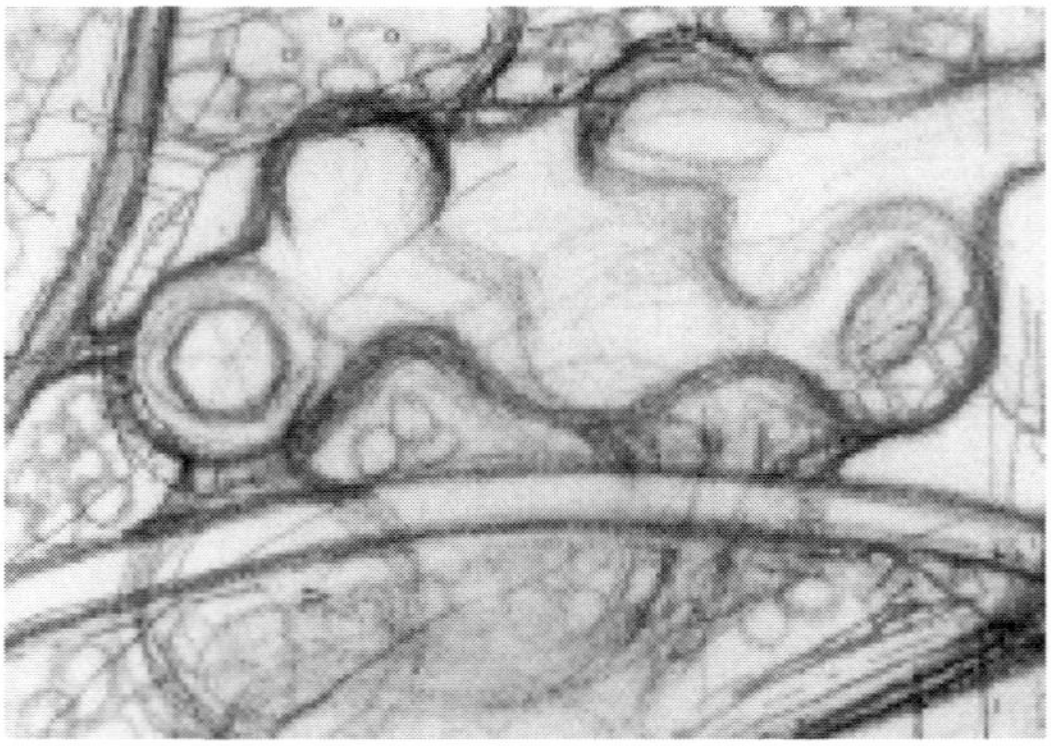

図 3-5　デザイン初期におけるエスキースの例

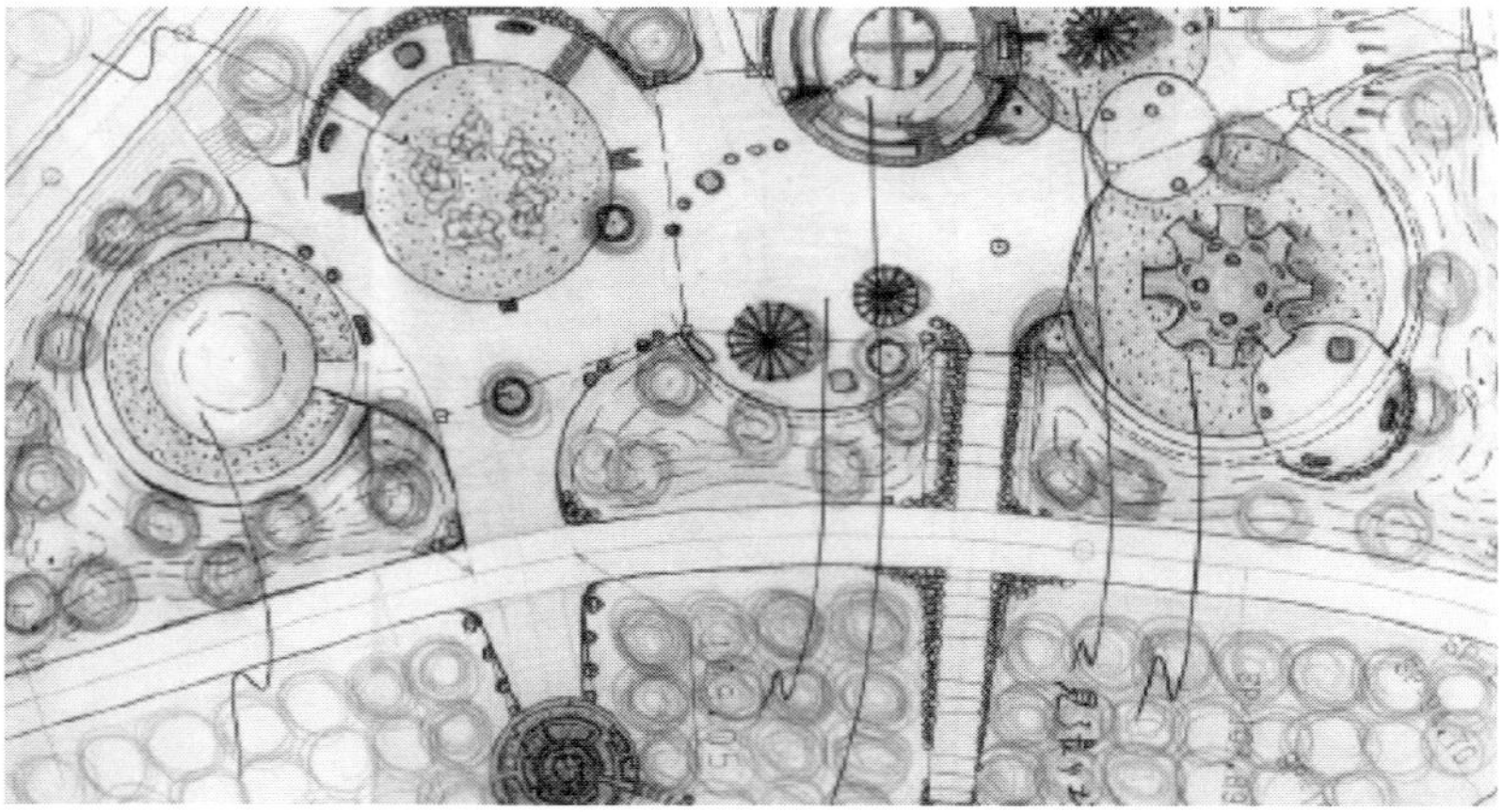

図 3-6　デザイン作業が進み，詳細化したエスキースの例

曲線が規則的な直線や曲線になってゆくのは、施工性や役所による設計基準に合わせたためである。特に真円による形態の連続は、デザイン性を優先させようとしたデザイナーと施工性を優先させた役所側の意見を調整した結果である。純粋に施工性だけを考えるなら全て直線にした方がよいのである。

このエスキースの公園は国や都道府県レベルが設置する大規模なものであり、図3-5、3-6に示したのは全体のほんの一部分である。役所の担当者もよいものを作ろうと、デザイナーにある程度のアソビを許容していたので、この業務ではデザイナーの発想をある程度尊重していた。何十枚と描かれたこの種のエスキの中で、図3-6が最終案に最も近い姿である。初期の発想が規格化されたのがわかるであろう。

しかし、このエスキを描いたデザイナーは、なぜ図3-5のような形状のものをデザインしたのか、その意図を筆者にはうまく説明できなかった。このようにフリーハンドで表現されようとした不規則な曲線という形態が、規則的な曲線へと引き継がれていった過程は、合理的な理由から均一なものがデザインされたのではなく、幾何学的な形態を繰り返すことによって非合理的なもの、名付けえぬものが設計されたとも考えられよう。

このような合理性に託された、名付けえぬものの表現は、フリーハンドが幾何学的なものにされるというだけではなく、最初から幾何学的な形態を使って行われる場合もある。派手さは求められず、園路沿いなど、園内の周辺に配置される施設は目立たない限り、デザイナーにとってはアソビを効かせやすいし、発注者にしてもアソビを見逃せる余地は、図3-3のような中核施設に比べて大きい。例えば図3-7の四阿《あずまや》は屋根部分に平鋼（フラットバー）の連続が使われ、このスリット状の屋根部分と柱部分は、構造的には縁が切られた無駄なものである。またこのように薄いものを多数組み合わせるのは、構造的な強度を維持するためには明らかに非合理的である。さらに細い平鋼が梁として使われ、それはタテではなくヨコに入れてある。何と無駄な構造であろうか。柱が支持する部分にのみH鋼を使う方がはるかに安く、施工性も高く作ることができる。平鋼などなくても梁につ

図 3-7　デザイナーが実践した，「よい」デザインの公園内施設

から鋼材の規格をより太くするなどの対応によって、はるかに安価に、施工しやすく作ることができる。

ここに現れる幾何学的形態は、経済的、構造的、また施工性のため、単純な直線と曲線で構成するという説明はつく。しかし形態表現の上での目標は合理性とは別なところにあるのである。

インフォーマントのひとりで、このようなデザイナーの好む設備を製造する業者は、このシンプルな幾何学のパターンをカキカキ（鋭角の連続を表現する言葉）と呼んで揶揄した。彼はいう。「建築家って連中は何でもカキカキしていれば格好いいと思っているんですよ［施工会社経営・四十代・男性］」。

ここにいわれる建築家というのは建築設計士の資格を保持した技術者のことではなく、公園緑地の設計に携わっているデザイナー全般のことであるが、建築家という存在にまとわりつくスノビッシュな嗜好も併せて、揶揄的にこう呼んでいるのである。彼は「カキカキ」したデザインの施設を作る会社を経営し成功している。このカキカキが一部の業界人にとって揶揄の対象となるのは、その裏にスノビズムが感じられるからである。

このカキカキの形態は一九六〇年代に興った、ミニマルアート、コンセプチュアルアートの真似である。ミニマルアートの形態的な価値も環境芸術と通ずるものがあることは、造園家の宮城俊作が指摘している［宮城　一九九三］。この点で、幾何形態の連続をデザインするデザイナーたちの実践は、景観の中の不明瞭な価値観を具現したものであろう。スノッブかどうか、芸術性があるかどうかは別にしても、このカキカキはデザイナーたちにとってはハイスタイル性の表現ではある。

三　風景にまぎれ込む魅力

(一)　奉仕者としての専門家

近代造園学においてパークシステムの制度は均一的なものであり、それを実現しようとする専門家は、特に一九六〇年代以降の文化人類学においては、ネガティブなものとして扱われてきた。しかし、住民は無関心であるか、あるいは均一化を望んでいる場合が多い。筆者の事例は近代批判の文脈では扱えない。一章で見てきたような、ジェイコブズから今まで引き継がれている、住民と専門家の対立として捉えることはできないのだ。

現在の公園のデザインにおいて、専門家が科学技術に由来する機能や、それ故の均一性によって住民を押しつぶしてしまうとは必ずしもいえない。むしろデザイナーは押しつぶされることのないよう、住民の意見を聞くのだが、住民は科学技術や文化に沿ったことをむしろ望む場合があるのだ。このような過程を住民の側から見ると、特定の社会集団のアイデンティティを反映した象徴物が生成され、それが地域の文化として流通する過程として見ることができるであろう。例えば高橋順一は、和歌山県太地町において住民が捕鯨産業にアイデンティティを反映させ、鯨を象徴として町の「政治的活性化凝集化」に使用していることを指摘している［高橋　一九八七：一五八］。

しかし二(三)2に挙げたように、このような過程に積極的に参加する気になれぬ住民もいる。このようなウケザラの範疇に入らぬ住民の問題意識は話し合われることすらない。近代の専門家システムによって対象化され想定された範疇の住民、つまり利用者やウケザラが、そうではない住民を疎外するのだ。

住民とされる利用者やウケザラから生まれた形態が、ある文化の象徴とされる過程は、例えばラッシュが指摘するように、図像的《フィギュラル》なものの再生産になっているのではないか。人々に認識される意味作用とその形態はあちらこちらの歴史から寄せ集められたキッチュなものとなる。それはラッシュがいうように、伝統への回帰と市場の要請する差別化の両立でもある［ラッシュ 一九九七：x、五九―六三］。そして図像的《フィギュラル》なものを望むのは専門家だけではなく住民でもある。この過程で住民が望めば、前近代的な形態もデザイナーによってデザインされよう。しかしそのような前近代的な形態は、公共事業の中では図像的なものに凝集せざるをえない。

このときデザイナーの実践が幾何学的な形態に向かうのは、理工学的な合理性を追求したからとはいい切れない。むしろ彼ら彼女らが理工学的な機能性とは異なる魅力も表現したいのである。その魅力が、理工学的な機能として序列化されにくいとき〈「中心」対「周辺」〉のヒエラルキーの中に明確に位置を与えられないまま、周辺へと配置し直される。デザイナーたちは単なる図像的《フィギュラル》なものや「芸術」のコピーというスノビズムを欲している訳ではない。デザイナーたちは形態の発想においてそれなりに悩んでいる。先行形態を単純に再生産しているのではなく、先行形態がないので科学技術や文化の視点から、明確に形作ることができないため、次善の策として図像的《フィギュラル》な表現やコピーを行っているのである。

(二) ディズニーランド化と住民にとって正しいデザイン

デザイナーによるアソビは、客観的な美醜を評価する基準がないため、最終的には「民意」に従うほかはない。公園緑地が作られる全体の流れの中では、デザイナーは計算の中心であり、また住民に奉仕する立場なのである。

しかし、そうして作られた形態が一部の人に鼻白むように感じられるのが、図像的なものとして再生産された場合であるといえよう。このような形態は近代社会が作り出す物質文化批判の文脈において、マクドナルド化［リッツァ 一九九九：一〇一―四］、エクゾポリスやテクノバーブ［Soja 1992: 121-2］、ファスト風土［三浦 二〇〇四］、ショートケーキハウス［若林 二〇〇七：五四］、などといわれ批判されている。

これはまた、建築デザインにおいて中川理がいうディズニーランダゼイションと呼ばれるものと同じだ。公共物のデザインに対して揶揄的に使われる言葉ではあるが、このような形態には傾向性が見られず、形態的特徴からの定義を行うのが非常に難しい。中川はこの形態を「メルヘンの意匠」などと比喩的に呼ぶが、言葉の定義はできないという。しかし中川は、作り手の使命感と実際に作られた「メルヘンの意匠」の間には大きな飛躍があることを指摘している［中川 一九九七：六四―七〇］。

筆者が具体的に経験した事例ではないが、札幌市東区にある、二〇〇五年に全面供用が開始された「モエレ沼公園」におけるデザイナーと住民の対応はこの住民にとっての「美」の正しさを表している例である。この公園の基本的な形態をデザインしたのはイサム・ノグチ（Isamu Noguchi, 1904-1988）という世界的に著名な彫刻家である。またこの公園の造営が決定し、デザイナーが選定された当時は、他のほとんどの大公園と同じく、誰も住まない農地または荒れ地に計画され、公園とされた土地はゴミ捨て場であった。現在、この公園は札幌市の目玉施設となっており、住民たちの評判も非常に良好で、モエレファンクラブなる市民団体が存在するほど人気がある。

この彫刻家は、この「モエレ沼公園」が作られる以前の一九六二年に、アメリカにおいて、これも著名な建築家であるルイス・カーンと共同で、ニューヨーク市で計画されたリバーサイド・ドライブ・パーク・プレイグラウンド（Playground for Riverside Drive Park, 1960-1965）においてよく似た形態のデザインを行っている［カーン一九七五：二四三―五］。このときは地元住民からは強硬な反対に遭い、計画は中止された[12]。この両者とも幾何学的な直線や曲線で構成された「現代的」なデザインは共通している[13]（図3‐8、図3‐9）。

ここで、ニューヨークと札幌の住民を比べると、どちらの方が「美」をより評価できているのだろうか？　このような問いは愚問であろう。住民にとっては（つまり政治的にも）両者とも正しい。審美眼から両市民に優劣をつけることも可能かもしれないが、その場合の序列を客観的に判断することは恐らく無理だろう。ニューヨークの市民にはプレイグラウンドは鼻白むものに思えたが、同じ形態的特徴を持つこの公園は札幌市民には美しく、少なくともよいものに思えたのである。イサム・ノグチによるこの形態をディズニーランダゼイションと揶揄することも可能であり、同時にラポポートのいうハイスタイルで、美しいと見ることも可能なのだ。

しかし、最終的な決着は多数意見によってつけられ、その決定権は専門家システムの側にではなく住民にある。政治的な立場が強いからだ。それでもなおデザイナーや少数の人々がこれらの形態に違和感を覚える。これは民主的にいって正しいという、デザインにおいてCUDOSでいう普遍性に裏付けられた倫理観と、住民にとっての美しさが両立しない状況だ。このような違和感を裏付けるエトスはないし、少なくとも現代に至るまで、社会的な説明はなされていない。このように住民にとっては正しくとも言葉ではうまく説明できない違和感を覚えるデザインを、筆者は「政治的に正しいデザイン」と呼びたい。この場合の政治的正しさは、いわゆるポリティカリー・コレクトネス（PC）とは意味合いが異なるが、正しいはずなのに同時に違和感も抱かれるという点で似ているからである。

（三）　科学からはみ出すデザイン実践

デザイナーたちはこれらの「政治的に正しいデザイン」を始めとする、科学技術や住民の要望に由来するデザ

図 3-8　リバーサイド・ドライブ・パーク・プレイグラウンド計画
(Plan of Playground for Riverside Drive Park, 1962)の模型

図 3-9　モエレ沼公園(2005)

インに違和感を覚え、これらをいくらかでも避けようとしてデザイン実践を行った。これはどのような過程を経て行われたのだろうか。

事例で挙げたように、ランドスケープデザインは科学技術に由来する合理性に即して作られようとする。また、住民の意見を聞いたり、先行する形態を探し出したり、安全性や経済性、施工性との整合を図ろうとするデザイナーの行為は、ラッシュのいう図像[ラッシュ 一九九七：x]として人々に認識される形態を作るものであり、このような行為は、既に存在する様々な形態が誘引子あるいは遂行的行為体としてデザイナーに選択され、配置されたものといえよう。無造作な線から幾何学的な線へと描画されてゆく設計の過程や、合理的で均一な部材が組み合わされた四阿《あずまや》の形態は、現代芸術の一形態としてのハイスタイルなものと共通しており、デザイナーたちによって「芸術」的な先行形態が選択されたものとも考えられる。しかし、これまで見てきたようにデザイナーたちは科学技術者として、合理性や「民意」のみをデザインに反映させてハイスタイルなものを作り出したのではない。デザイナー自身のデザイン実践の結果として生み出したのである。

ディズニーランダゼイションなどといったキワモノ的な形態に対し違和感を覚え、それらの克服的行為体に対する違和感を回避しようとして行われるデザイナーの行為は、合理性の裏付けもなければ、住民からの要望もない。このような状況の中で、デザイナーたちによってデザインされる形態は、理工学的な機能や社会的な意味も関与して、幾何学的な直線や曲線を多用した形態が作られてゆく。またこれらの形態は、図3-7の四阿のように、敷地の中でも目立たない配置の部分に行われやすい。この場合、これらの多くは、何らかの社会的意味を担うオブジェクトとして、秩序だって配置されたとはいい切れないことに留意する必要がある。近代都市計画や文化を担うオブジェクトの多くは、〈中心−周辺〉のヒエラルキーに沿っての配置が合理的とされる。だが、本章の事例では、オブジェクトは空間的に周辺化されているものもあるが、〈「中心」対「周辺」〉という秩序の中に明確にその位置が整理されたものとして与えられている訳ではない。

このとき、デザイナーたちは、意味性が過剰に明確なオブジェクトとは異なるものを表現しようとしている。公園内施設におけるアソビの形態のように、機能や意味性としては顕在化できないが、科学技術に由来する合理性を逆手にとって新しい、ハイスタイルなものをめざしている。

現代芸術と類似した形態のデザインやその配置は、今までいわれてきた合理性や前空間性、あるいは均一的な科学技術への抵抗やアイデンティティの反映以外の過程によって生み出されたものだ。この形態は専門家としての役割を超えた実践の結果として作られたのである。

二章で述べたように、名付けえぬ魅力をデザインしようとする人々を芸術家と呼ぶなら、ランドスケープデザイナーたちは、合理性や「民意」をデザインに反映させようとすると同時に、ルフェーブルのいうようにそのデザインに「「主体」の刻印」を打とうとしている芸術家とも考えられよう。デザイナーは社会を反映した存在であると同時に社会の反映だけに収まらない主体の部分も持っているのである。このときランドスケープデザイナーたちは科学技術や住民独自の文化など以外の未知のものに突き動かされている。そして、芸術家としてのデザイナーによる試行錯誤の実践は、ジェルのいうように、遂行的行為体と克服的行為体[GELL 1998: 37]の織りなす過程として捉えることができよう。これらの過程において、デザインされた全ての形態要素が、何らかの意味性が付与されたオブジェクトとして序列化され、近代都市計画を担う施設として中央から周辺へと配置されてゆく訳ではない。これは近代造園学がめざす、何らかの原理のもとに整理された調和[14]ではないし、かくれた次元やスキーマなどに導かれた都市景観の調和とも異なるものである。

デザインされたランドスケープは、オブジェクト形態の集成のようであるが、その中には理工学的な機能や社会的意味が反映されていない、非オブジェクト的な形態が目立たぬようにまぎれ込んでいる。二章の六節で挙げたジェルのいうだまし絵[GELL 1998: 41-5]のように、遂行的行為体としてのオブジェクト形態のなかに、克服的行為体として非オブジェクト的な形態がある。オブジェクト的な形態は、科学技術の反映であるが、遂行的行為体としての科学技術が、克服的行為体としての専門家との関係において作られている。専門家はまた、遂行的行為体としての住民たちの意向を、施設という克服的行為体に介在する存在でもある。

しかし同時に、デザイナーたちには専門家としての枠内に入り切らない主体の部分がある。デザイナーたちは、明確な形態としてイメージされない対象をデザインしようとしており、それらの形態は、先行して存在する様々な形態や幾何学的な形態の組み合わせとして作られている。ここにおいてデザイナーたちは、科学技術や文化として説明されているものであっても、それらを流用しつつ工夫を加えて組み合わせ、よい形態を生み出そうとしている。

それを満足できない非オブジェクト的な、目立たぬ形態は遂行的行為体としてのデザイナーの主体が、克服的行為体としてハイスタイル性を求めて作られたといえよう。デザイナーの主体は、魅力的なランドスケープデザインを欲し、このことが遂行的行為体としての幾何学的な形態やその連続を作ることにつながったのである。

事例において目立たぬ形態がデザインされる過程は、科学技術や文化とされることがらの反映としてだけではない。一見合理的に見える幾何学的形態のデザイン過程には、科学技術や文化には収斂しきれないものも隠されている。これを整理すると図3-10のようになる。

四　ま　と　め

風景の中の背景的な要素、それは専門家システムによって、合理性とは異なる文脈において住民たちの暮らし

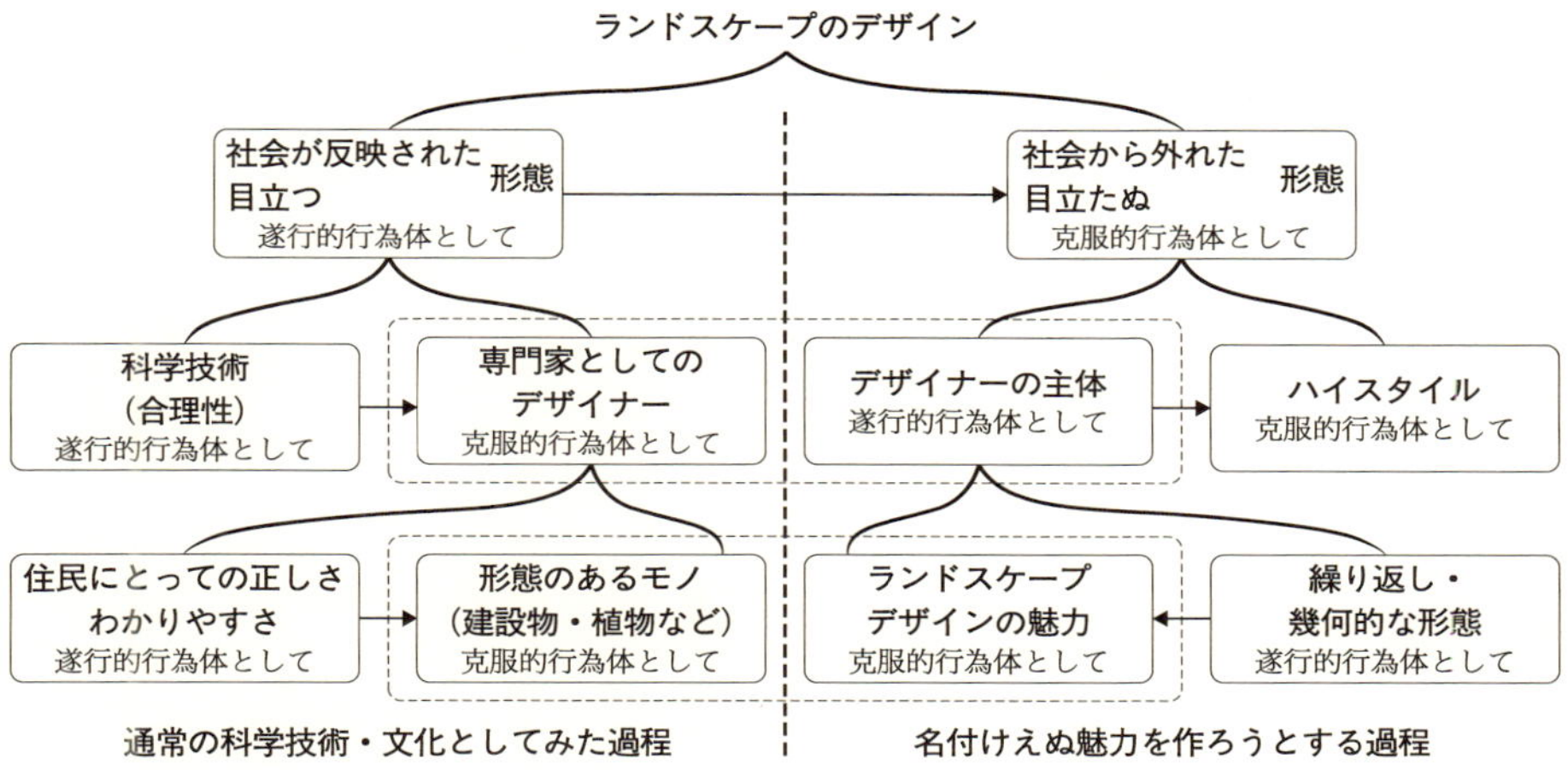

図 3-10　ランドスケープデザインのプロセス

の中にあるとされ、専門家たちによって対象化する努力がなされてきたといえよう。しかし、専門家システムにおいても「民意」の文脈においても対象化できないものを専門家たちは感じている。製作現場の公的な文脈においてのみ解釈すると、デザイナーたちはＣＵＤＯＳ故によいものを作ると解釈されよう。公的な文書においても合理性や公共性などは強調されている。しかしデザイナーたちによる非公式な発言などを参照すると、彼ら彼女らはＣＵＤＯＳとは異なるものを意識していることがわかる。専門家たち自身、ＣＵＤＯＳだけではよいものを作れないことに困惑しているのだ。そこには社会や科学技術の要求する形態が、デザイナーの主体の部分にとって克服的行為体として立ち上がっているといえよう。しかしこのようなことは、何をデザインすべきかについて、専門家たち自身、明確に対象化できていないということを示すものである。

　このように「よい」風景を表現するには、科学技術や文化の中で対象化されたオブジェクトだけでは実現できず、専門家システムの中で系統立てられた方法はないので、デザイナーはオブジェクトを組み合わせ、操作するという試行錯誤を行うことによって実現するしかない。

なぜデザイナーたちがこのような専門家システムから外れた試行錯誤を行うか、あるいは行うことができるのかというと、やはり、彼ら彼女らは単なるオブジェクトの集合体としてではなく非オブジェクトを含んだ世界を、よい風景として感覚しており、そこに魅力を感じているからだろう。その風景には近代造園学も含めた科学技術の文脈においては把握できない背景的要素が含まれているのである。そのような名付けえぬ風景は、従来の科学技術や文化の枠組みを含め、どのように理解すべきだろうか。

(一)　オブジェクトとしての文化

合理的な都市造営への反省は、専門家システムの枠の中で住民たちが築いてきた「生活知」のようなものを顕在化させ、デザインされるべき風景の中にオブジェクトとして取り込むという手法が行われるようにはなった。これは一章と二章で挙げたリンチやジェイコブズ、アレクザンダー、ホール、ラポポートなどの先達が文化の問題としてきたことがらを、専門家システムとして解釈し、取り込んだものといえよう。科学技術が合理性のもとに疎外してきた「民意」(=文化)は、デザイナーたちにとってこのように対象化されるものである。このように対象化されたオブジェクトはアイデンティティなどといった社会的意味が明快な形態である点で、遂行的行為体としてデザイナーに作用している。

(二)　非オブジェクトとしてのハイスタイル性

それだけではデザイナーたちにとってのハイスタイル性は満足されず、さらに独自のデザインが行われようとする。デザイナーたちが勝手なデザインを行うと、住民にとっては受け入れがたい、独善的な形態が作られる危険もあろう。どちらにせよ、誰にとってもわかりやすい形態のみで構成されたデザインは、その社会集団にとっての象徴形態だけで構成される世界でもあり、その社会集団に属する個々人の意味づけの自由を制限してしまう。これは個々人にとって環境に対し自由に意味づけを行う行為（パーソナライゼーション）を制限することだ［ラポポート 二〇〇六：三〇一四］。公共事業の文脈において説明がしやすい、利用者のためにデザインしただけでは、ピンチとバイカーのいう多様な解釈の柔軟性［Pinch & Bijker 1987: 27］が失われ、多くの人々にとって環境全体の意味が固定されてしまう。このような意味が固定された形態のみで構成された環境に対して、筆者を含めた多くのデザイナーが違和感を覚えるということは、われわれの社会において構築されている環境の中に、合理的な考えでは対象化できない領域があることを示すものである。それは風景の中では前景化されていないが故に背景的である。

またデザインの過程においては、社会において明確に対象化されない形態であっても、デザイナー個々人はその形態をデザインに取り入れることができるため、新しいデザインを作る際の選択肢とされるともいえよう。感覚はできるがオブジェクトとして特定できない形で、誘引子としてデザイナーに作用している名付けえぬ魅力は、それを固有の要素や形態として定義することは困難である。これはリーチがいう「曖昧不分明」［リーチ 一九八一：七六］で多義的なものであり、あいまいである故に専門家システムの埒外に置かれ、地理的にも目立たぬ位置に表現されるしかない。

（三）　目立たぬものは結果として作られるのか

このような名付けえぬ魅力をめざしてのデザイン実践を文化人類学の問題として理解しようとするとき、我々はもう一歩踏み込んで整理する必要があるように思える。名付けえぬ魅力は、まだ前景化されてはいないが、やがては社会性の反映として前景化されてゆくものだろうか。それとも社会に還元できず、ド・セルトーがいうよだろうか。いい換えると、それは科学技術において、均一な科学からは排除される名付けえぬものであり続けるのだろうか。あるいは別の過程なのだろうか。あるいは文化［根本 二〇〇〇：五六—八］としてオブジェクト化されるのだろうか。

本章で明らかになったエージェンシーのネットワークにおいて、デザイナーたち個々人の中には科学技術の専門家であると同時に、専門家の役割に縛られない主体が同居している。風景の名付けえぬものがデザインされるにあたっては、この主体としてのエージェントが重要な役割を果たしている。となると科学技術の専門家という社会的な制約が余りない状態では、名付けえぬ魅力はより単純なネットワークを経て生み出されるのではないだろうか。この場合、風景の名付けえぬ魅力が作り出される過程は、よりわかりやすく、単純に明らかになるのではないだろうか。

風景のデザイナーたちが科学技術の専門家であると同時に、それとは別個の主体を持ち、その主体が拘束を受ける。ということは、本章で紹介したデザイナーたちの行為は、ルフェーブルがいきどおるように空間における暴力［ルフェーブル 二〇〇〇：四四二］に束縛され、それ故に「「主体」の刻印」を風景に残しにくくなった状態におけるものとも取れる。このような束縛を批判的に見ることは一章で見たように一九六〇年代以降、現代に至るまで、風景づくりにおいて常に問題とされてきていることでもある。

しかし、科学技術の専門家という社会的な役割からは自由な立場のデザイナーが行う風景デザインにおいては、理工学的な機能や、住民が抱く社会的意味が余り問題とされない場合もあるだろう。このような現場では、名付けえぬ魅力が作られる過程が、より明確に浮かび上がる。次章ではこの事例をサウンドスケープデザインの現場に見てみたい。

（1）当時の知事は伴任官なので、現在のように住民による直接選挙によって選ばれるのではなく、中央政府から任命されたことに注意されたい。

（2）偕楽園は一八九八（明治三一）年に民間に払い下げられ、料亭となった［俵 一九七九：一五〇―一］。現在はかつての偕楽園内に建てられていた清華亭のみが札幌市文化財として保存され、当時の広大な園地を偲ぶことはできない。

（3）緑の基本計画とは、都市計画を行う自治体に対し国から策定が義務づけられているものである。市町村内のどこに、どのような公園緑地を配置するかを具体的な数値をもって計画するものである［国土交通省都市・地域整備局都市計画課・公園緑地課監修 二〇〇七］。

（4）この布達では「三府ヲ始人民輻輳ノ地ニシテ、古来ノ名勝区名人ノ舊跡等、是迄群衆遊覧ノ場所」を公園とするとしている。この布達によって、旧来からある寺院（金竜山浅草寺、東叡山寛永寺、三縁山増上寺、富岡八幡社、飛鳥山）がそれぞれ浅草公園、上野公園、芝公園、深川公園、飛鳥山公園とされている。

（5）余談ではあるが造園史家の柳五郎によると、一八六七（慶応三）年、幕吏としてパリ万博に出張した渋沢栄一（一八四〇―一九三一）はブローニュの森などパリの都市公園を明確に意識している。その後、大蔵大丞として地券を決済する立場となった渋沢は、旧来的な遊園ではなく西洋的な公園を意識して太政官制の公園を決済した。その後、施設としての公園が最初から計画・設置されるようになると、社寺境内を公園とする制度は消えてゆく［柳 一九八二：九八―九］。人類学、民族学資料を積極的に蒐集し、国立民族博物館の基礎を作った渋沢が、同時に田園都市や公園緑地の造営を積極的に推進したのは興味深い。

（6）公園設計を行う会社の中で、北海道で初めて作られた設計会社は北海道開発コンサルタント株式会社である。ここは北海道開発局の設計業務の委託を受ける会社として、行政主導の形で一九六〇（昭和三五）年に設立された。その初代役員は全て北海道庁や北海道開発局の幹部職員およびそれらのＯＢで構成されていたという［北海道開発コンサルタント株式会社二五年史編集委員会 一九八〇：三九―四九］。

（7）規模の大きな公園では、全ての敷地の工事完了を待たずに、完成した区域から順次利用に供する。これを供用を開始するという。全面的に完成することを全面供用という。

（8）不正な工事を防止するため、設計と施工は別会社に発注される。さらにここ一〇年ほどは計画と設計が別会社に発注されることも増えてきている。

（9）ファニチャーというのはベンチや遊具などの公園内作工物を示す業界内の用語である。

（10）しかし実際は、工事現場において、設計図面通りに施工できない状況が発生することが起こる。このようなときは、コンサルの設計担当者が施工現場に出向くことも多い。業界内では施工現場に顔を出さないコンサルはあまり好ましくないとされる傾向がある。

（11）研究者自身の経験をデータとして用いることについて、バーニー・グレイザーとアンセルム・ストラウスは、フィールドノーツだけではなく個人的体験もフィールドデータとして研究に役立つことを述べている［グレーザー、ストラウス　一九九六：三四六―七］。

（12）この公園の造営に関する論争と具体的な反対意見は、［ワタリウム美術館（編）　一九九六］に詳しい。

（13）このプロジェクトの打切りについて、イサム・ノグチ当人は一九七五年に「私自身はといえば、今もってどこかに、プレイグラウンド〔日本の街区公園に相当する都市公園〕をつくらねばならないのだ」と述べている［ノグチ　一九七五：二四五］。その後ノグチはこのモエレ沼公園以外にプレイグラウンドのデザインには関与していないので、ここにおいて、この発言を実行したと見てよいだろう。

（14）建築物や植栽の高さ、色彩をそろえるなどの基本的な技法である。本章で引いた江山［江山　一九七七］を含め、多くの造園学の教科書・専門書において解説されている。

第四章　サウンドスケープデザインにおける実践

本章では、サウンドスケープデザイナーたちによるデザインの現場における、サウンドスケープが生み出される実践の過程を検討する。サウンドスケープデザインは音によって風景をデザインするランドスケープデザインの特殊な分野［鳥越 一九八九：三三八］であるが、風景を形作る媒体が音である点が問題なのではない。このフィールドを取り上げたのはランドスケープデザインにおいてデザイナーたちが常に意識している、科学技術や文化の問題が、サウンドスケープデザインが作られる現場においては、ほとんど問題にされない場合が多く、この点に注目して風景がデザインされる過程を振り返れば、名付けえぬ魅力を持つ風景が作られる過程を、より明快に捉えることが期待できるからである。

サウンドスケープデザインは主に音によってなされる。ここにおいて作られる音の連続を、ランドスケープデザインにおける要素の形態と見なすと、サウンドスケープデザインはランドスケープデザインと同じく、合目的的なオブジェクトとしての音を、風景の中に配置することによってデザインされよう。しかし、サウンドスケープデザインには、目的に沿って合理的に都市などを作ることへのアンチテーゼとしての側面がある。ランドスケープデザイナーたちとは違って、サウンドスケープデザイナーたちは、科学技術として顕在化されている知識や手法にはこだわらない。それ故、サウンドスケープデザインの目的や用途はいまだに明確ではなく、社会的な地位を得ているとはいいがたい。

ランドスケープデザインの現場に比べて、サウンドスケープデザインは既存の知識や手法には制約されないが、ランドスケープデザインと同じく、風景は名付けえぬあいまいなものを含んで作られようとする。三章で見たようなランドスケープデザインにおいて、名付けえぬ魅力を含んだ風景は科学技術だけでなく、社会や文化からの制約から抜け出そうとして作られた。風景の名付けえぬ魅力は、ランドスケープデザインとは異なったサウンドスケープデザインにおいては、いかに作られるのだろうか。

一　音による風景デザインの成り立ち

目に見える形態だけではなく、音も風景を形作っており、目に見えるものと耳に聞こえるものが渾然一体となり、名付けえぬ魅力を持って我々に感じられることもある。風景における視覚的なものと聴覚的なものの共通性に留意するとき、音を使った風景デザインの過程においても、名付けえぬ魅力が作られる過程を見ることは可能であろう。そこで音による風景デザインはどのような経緯で行われるようになったのだろうか。また音による風景デザインにおいて、ランドスケープデザインと同じように、名付けえぬ魅力が作られる過程を明らかにする際に、どのような点に留意すべきであろうか。

（一）　音による風景のデザインについて

サウンドスケープデザインは、音の動きという点では、我々の文化でいう音楽に似ており、風景を表すという点では建築や庭園に似ているが、同じものとはいえない。このようなサウンドスケープデザインは、これらの音楽や、庭園・建築などといった社会的な枠組みを問い直す試みともいえる。これらの点について以下に見てゆこう。

音楽も建築のような空間を形作るという点で、我々が音楽と建築に同じ感じを受けることはよく指摘されている［クック 一九九二：五八］。建築学者のフィリップ・シールは建築と音楽を、時とともに経験が移り変わるという点で併置している。

> もし建築がレコードとか、テープ（本当に凍った音楽）であると考えられるならば、人間は空間における運動によって、かくされていたリズムを具象化する蓄音機のピックアップである［シール 一九六七：一二六］。

このシールの考えは、広く風景と音の場合にも適用できる。我々が周囲の環境を風景として感じるとき、その環境を構成する要素には音も含まれている。

この音が連なっているものを、音楽という形で一般化するのではなく、様々な文化のあり方が反映されたものと見ることも可能であろう。例えば音楽史家のジョスリン・ゴドウィンは、音の配置によるコスモロジーの表現が、古代より様々な社会において行われていたことを指摘している。オクターブや和声など、規則性を持った複数の音の配置は、社会によって様々に意味づけられてきた。同時にこの規則性を天体運行のアナロジーとして捉え、人間の感覚を越えた宇宙の世界、つまり神や悪魔などの領域として音の連なりを扱うこともまたなされてきた(1)。作曲などの行為は、空間を組織化することと相似であり、また神や悪魔の領域を表現することともいえる

［ゴドウィン 一九九〇］。これは先に述べた支配者を支配したイデオロギー［小林 一九七八：三一〇］が、音による空間の組織化を成立させている例であろう。

このような音の連なりが、例えば西洋においては作曲家という専門家が作り出し、聴衆によって消費の対象とされた音楽である（このような音楽については［渡辺 一九八九、アタリ 一九九五］に詳しい）。このような傾聴の対象としての音楽を、単なる音の連なりと区別するために楽曲と呼ぶなら、このような楽曲は公園緑地などと同じようなオブジェクトともいえよう。また音の高低やリズム、ケーデンス(2)という、我々の社会でいう音を楽曲たらしめている音の動きは形態に相当する。だが音による空間の組織化となると、それは楽曲という形式による以外の方法でも可能となるのではないだろうか。

特に一九六〇年代以降に行われるようになった実験音楽と呼ばれる試みは、それまでの音楽という形式を問い直すものであった。実験音楽の作家であり、音楽学者でもあるマイケル・ナイマンは、これらの特徴について指摘する。

> 実験音楽は、作曲者／演奏者／聴者、の役割がはっきり前提されているのではないような、流動的な状態を強調し、他の西洋音楽の形式に見られる、標準的な、送り手／運び手／受け手、という情報工学的構造からは離れようとしている［ナイマン 一九九二：四九］。

ここでいう作曲家たちとは、ジョン・ケージ（John Cage, 1912-1992）以降から「ミニマル・ミュージック」に至る、それまでの西洋音楽とはかなり異質の作品を作ってきた者たちのことを指している。実験音楽は、絵画・彫刻・音楽・舞踊・建築など様々な分野に類別され構築されてきた「芸術」における専門家や聴衆といった分類を相対化したが、このような音の試みは社会的に定着しているとはいえない。

このような試みと共に、一九七〇年代は環境という言葉が一般化し、さらには音もその一部だという考えが出てくる。建築など人工的に作られる空間を構成するものとして、音や音楽も扱った最も初期のものとして、中川真はマックス・ニューハウス（Max Neuhaus, 1939–2009）による《タイムズスクウェア》（Times Square, 1977）を挙げている［中川　一九九七］。さらにR・マリー・シェーファーが提唱したサウンドスケープの概念［シェーファー　一九八六］（原著は［Schafer 1977］）は、ニューハウスの例のような「環境芸術」を含めて、視覚以外の感覚においても風景を感じ、そして表現するという視点を提供した。

サウンドスケープの考えは文化人類学にも取り入れられ、音楽ではなく、人間を取り巻く環境を構成する要素として、音を捉える研究がなされるようになった。これがデザインなどのように、人為的に表現される場合、宇宙観など何らかの秩序、社会的意味の反映だけには止まらない背景的な音の表現もされ得る。ジェームズ・F・ウェイナーによると、パプアニューギニア高地のフォイ社会では、音環境と地理的な広がりと宇宙観がひとつの体系をなして結び付いている。フォイは歌で地理を表現する。生活圏を離れた領域は無音で死の、空虚な領域であり、夢を通して先祖が歌を授けてくれる領域とされる。この空虚の領域は家屋のある充実した領域と対照的に考えられており、狩猟採集を行う領域は家屋のある領域と空虚の領域の中間に位置づけられている。ウェイナーはフォイにおいて無の領域から歌が生み出される過程を、我々の社会でいう「芸術」に例えている［Weiner 1991: 194–202］。またマリナ・ローズマンによるマレーシアの狩猟採集民テミアー社会の音環境の研究は、生活を取り巻く様々な音が、いかに人々に利用され、また歌や音楽など新たな音環境を生み出してゆくか、その過程を扱っている。ここでローズマンは音楽を作り演奏することは、空間を境界づけ、また境界を越えることでもあるとしている。季節の変遷による植生の変化や、西洋の侵入による開墾や戦争などの時代の移り変わりは風景の変化として現れ、テミアーはそれを歌で表現する。このとき、人々は音によって自分たちを取り巻く環境を組織化しているのである［ローズマン 二〇〇〇］。我々は、個人の認識に余る広い範囲の空間を地図で認識するが、テミアーはその場所毎に関連づけて作られた（あるいは作られてゆく）歌によって認識するといえる［Roseman 1998］。

フォイやテミアーなどの伝統社会における事例は、このような環境としての音に隠れた次元を見るものだといえる。「環境芸術」の表現媒体として音を扱ったり、民族誌において地理的な広がりの一部として音を扱うことは、我々を取り巻く環境を、音楽や建築といったオブジェクト的なものに還元する見方に再考を促すものだ。これはまた、一章で見たリンチやホールの研究のように、空間デザインの可能性を広げるものでもある。

（二） サウンドスケープデザインの魅力をどう捉えるか

社会的な構築物としての建築と音楽から離れて、視覚的なものと聴覚的なものを、広く環境を構成する要素と考えれば、視覚的な環境は、ド・セルトーがいうように我々が移動することによって、異なる経験をもたらし、また聴覚的な環境は、シールがいうように時間の経過によって我々に異なる経験をもたらす。聴覚的感覚が魅力的なものとしてデザインされようとするとき、サウンドスケープデザインもランドスケープデザインと同じく、前景的なオブジェクトのみに注目するだけではなく、デザインが作られる紆余曲折の過程とそのネットワークを見ることが必要だろう。

サウンドスケープデザインについては、いまだにその理工学的な機能が明快ではない。音響工学者の若宮眞一郎によると、このようなサウンドスケープデザインは、空間と調和した音、人間が環境と共生する音をデザインする試みであるという［若宮 二〇〇七：八五］。このような考えは、音に何らかの科学技術における機能や、社会的な意味を求め、それをいつかは明らかにしていこうというものである。科学社会学や科学技術の人類学においてもこれは同様である。例えばサイラス・モディよると、科学実験室において計測という行為は、器機が示す数値や色彩、つまり視覚的な情報によって提供され、論文にはこの視覚情報が典拠として図表などの形で可視的に提供されるが、実験室の現場では計測器が作動するときに発生させる作動音が、計測値の読み取り判断に影響しているという［Mody 2005］。

しかし前述の音による環境芸術の場合は、音の機能や意味が明快ではなくとも、それが魅力として作られようとする。前節で挙げた、ニューハウスの《タイムズスクウェア》について中川は、環境中にあしらわれた音に気づくのは、その場にいる人間の数パーセントにすぎないと考えており、そのよさを認めつつも、このような音の機能を挙げることはできていない［中川 一九九七：一七四―五］。我々がこのような音に魅力を感じたとしても、その効用が明確ではなく、またデザインされた音が鳴っているのかどうか数パーセントしか認識していないようでは、公園緑地のように都市に必要な施設としてデザインの対象とすることは、近代都市計画においてはできないであろう。

ところが、このようなかすかな音は、音が聞こえる状態と対照させることによって、考察することができる。ジョ・タッキによると、ラジオの「ながら聞き」のような聞き方は、音が明確な象徴としてではなく、迷惑な雑音でもなく、静寂性を確認するための音となる場合もある［Tacci 2002］。またフォイの事例にあるように、無音であることも風景の構築にとって重要であろう。サウンドスケープ研究者の鳥越けい子は、このような不明確で意味を特定できない音をデザインすることについて、以下のように述べている。

ある対象に何の意味も見いだされない場合、人間はその対象を意識せず、その存在すら意識しない、ということも少なくない。そうした場合、デザイン活動とは、何らかの「意味づけのきっかけを与えること」なのではないか、ということになってくる。つまり、意味づけのきっかけを設定することが、音に対する気づきのきっかけを与えることになる。その結果として、それ以前には気づかれていなかった様々な音が聞こえてくるようになる。したがってサウンドスケープの考えに基づいたとき、デザインとは従来の「音づくり」そのものではなく、「音との新しい関係を意識させるしかけづくり」、すなわち「気づきのためのしかけづくり」ということになる［鳥越 一九九七：一九二―三］。

鳥越のいう、意味づけのきっかけとなる「気づき」には音楽とは異なる音のあり方の提言があるのは勿論だが、このような提言を行う姿勢は、実験音楽と呼ばれる分野の作曲家たちにも共通して見られる傾向である。このようなサウンドスケープをデザインすることは、オブジェクトとしての音や音楽を作る行為ではない。デザインされるサウンドスケープは、非オブジェクト的なものを我々に感覚させることによる意味づけのきっかけの提示であり、それは我々が感覚する風景の中で、背景の可能性を介して風景の魅力を確認させるものであろう。

この場合、デザインされるサウンドスケープは、モディの事例のように、社会的な機能や意味が明確なものではない。その反対のものとして、ハーシュの図式において考えることが適当である。すなわち、

⟷ 背景の可能性

⟷ 社会的に説明されない音の連なり

⟷ 混然となった音世界

前景の現実性
社会的意味の明らかな音の連なり
歌曲や猛獣の鳴き声

という対照の、右側の項として浮かび上がらせることができるのだ。

先に見てきたように、近代造園学における風景は、風景の名付けえぬ魅力を、左側の項として作り上げることをめざすものであった。サウンドスケープデザインにおいても明確な形態を持つオブジェクト的なものが、時報やサウンドスカルプチュアなどの形式として作られる場合もある。しかし、事例で取り上げるサウンドスケープデザインにおいては、上に挙げたニューハウスによる環境芸術によく似て、理工学的な機能や社会的な意味が明らかではないが、それでいて魅力的なデザインがめざされる。

このデザイナーたちが魅力のあるサウンドスケープを作ろうとする過程を、三章のランドスケープデザインの場合と同じように明らかにする作業は、サウンドスケープにおける名付けえぬ魅力について理解する一助となるだろう。

二　サウンドスケープデザイナーによる試行錯誤

（一）日本のサウンドスケープデザインがめざしたもの

サウンドスケープデザインの対象には時報などを告げるサイン音や、視覚的デザインにおける象徴物に相当するサウンドスカルプチュアなど、音楽作品と同じく「聴取」の対象としての音もある。しかし、サウンドスケープデザインの中には音の専門家が作り上げたものであっても、コンサート会場やCDとして聞かれるような作品や製品とするにはなじまないもの、つまり社会的な位置が特定しにくい魅力を生み出そうとする試みもある。本章で扱われるのは、このような試みの過程である。

図4-1　芦川　聡(1953-1983)

日本におけるサウンドスケープデザインはシェーファーのサウンドスケープとは別に発展した。音を環境としてデザインするというアイデアは一九七〇年代に東京の作曲家たちの小さなグループから始まったことだ。そしてシェーファーのアイデアは彼らの活動に取り込まれていった。このグループの中心人物は芦川聡(一九五三―一九八三)という実験音楽の作家であった[3](図4-1)。芦川の同年齢の友人であり、実験音楽の作品を発表し続けている作曲家は、二〇〇五年の時点で筆者に対して、芦川の試みがなされ始めた当時の、同世代の芸術家たちの雰囲気についてこう語っている。

> 当時はいろんなものが出てきた、ケージやイーノもそうだけど、寺山修司とかも出てきたし。六〇年代とはちがったエネルギーがあったように思う。いまはそういうエネルギーが社会にないし、新しいものを出していくのは難しいですね。ああいう「気分」とかっていえるものがない［作曲家・五十代・男性］。

芦川と親しかった田中宗孝によると、芦川は音を使ってBGMでもないものを空間として表現しようとし、このような試みを行っている先達がいなかった故に悩んでいたという。芦川はこれを実現するため、一九八三年にサウンド・プロセス・デザイン(以下通称のSPD)を田中らと設立した。この事務所の業務にはサウンドスケープデザインも含まれたが、音を風景として表現し、あるいはデザインする発想は、SPD独自のものである(これはSPDスタッフおよびSPDと協働する作曲家たちも自認している)。SPDはその後、業務としてサウンドスケープデザインの看板は取り下げても、一貫して音を風景あるいは空間として表現し、デザインする業務を行っている。

芦川と友人であったその作曲家は、「六〇年代とはちがったエネルギー」があった七〇年代を引きずった中で、この会社ができ上がったという感想を筆者に語った。日本において実験音楽に取り組んでいた、鳥越けい子なども含め、当時二十代から三十代であった世代には、環境だのサウンドスケープだのといった、当時としては新しい概念に取り組む情熱があったということだ。鳥越は現在も積極的にサウンドスケープデザインに取り組んでおり、この世代は今に至るまでサウンドスケープ研究の中心だといえよう。

不幸なことにSPD設立と同年の一九八三年、芦川は事故で死亡する。彼の死を惜しんだ同僚たちはその仕事を顕彰するために彼および彼の周辺に集った人々のエッセイ集を刊行している[小川ほか(編) 一九八六]。同書および芦川の友人・同僚によると、芦川とそのグループはサウンドスケープの概念をシェーファーから借用はしているが、サウンドスケープをデザインするという概念は彼ら独自のものであることがわかる。

前節で見たように現在、サウンドスケープは新たな環境デザインや民族誌などの研究分野としては、その地位を確立している(4)。しかしSPDスタッフによるとこの状況は仕事を行う上で、面白味に欠けているらしい。サウンドスケープに関する様々な研究はなされているが、そのどれもが評論としては面白いが、実際にデザインを作り出してゆく上で役に立たないものだという。SPDでは現在、様々に研究されているサウンドスケープと同列に見られることを嫌い、サウンドスケープデザインを「音のデザイン」と呼んでいる。先に引用した芦川の友人の発言とも通じるが、サウンドスケープの解釈が社会的に確立してしまうということは、新しいものではないと

表4-1　音のデザインの作業工程

→(計画設計)→		——→ 敷地全体の施工工程(建築，外構) ——→				落成 (引き渡し)→		
作業項目	対外折衝→			→顧客へのプレゼンテーション→				オトの引渡し→
	作曲家との→作業	→調査→	→スタジオ作業→		→据え付け→(オトダシ)	→スタジオ作業→	→オトダシ→	
	社内作業→		システム設計と→音源位置決め→					

いうことになり、これでは新しいものを作る面白さがないのである。しかし呼び方は違っても、SPDがめざすところは、音を使って風景や空間をデザインしようという芦川の目標と変わっていない。

（二）　サウンドスケープデザイン業務の流れ

以下では東京都中央区日本橋浜町の一街区を再開発し、店舗、オフィス兼集合住宅とした「トルナーレ日本橋浜町」の事例を記述する。この再開発では、新築される高層ビルの外構においてサウンドスケープがデザインされた。実際の業務は二〇〇五(平成一七)年五月から九月にかけて行われた。この業務が発生した当初、再開発ビルの計画設計は全て終了し、既に工事が行われていた。ここでサウンドスケープをデザインする(SPDの言葉でいう音のデザイナー)という仕事の流れを工程との関係から整理すると、表4-1のようになる。

音のデザインとはいっても、敷地全体の施工作業が始まったのちに業務が発生しているので、他のハードウェアのデザインとは独立している。他の部分との整合性を図る必要が発生するのは、システム設計と音源の位置決めに関してだけである。システムというのは音源を収納したメモリ装置・アンプ・電線・音源(スピーカ)の総称である。

ランドスケープの場合のように業界内である程度標準化されているものは、サウンドスケープデザインでは存在せず、この表にまとめた作業項目は見やすくするために筆者が分けたものである。作業工程・作業項目どちらも、ランドスケープデザインの施工では、工程には入らない作業である。これは、建設工事において周辺的な仕事であるといえよう。施工の完成をめざす点からいうと、建築土木工事が中心となる全体の施工とは、あまり整合性を考える必要がない。実際、施工現場を統括する管理事務所の責任者とＳＰＤスタッフは最初の調査において、一度顔を合わせただけである。

その分、ＳＰＤには自由な裁量が可能となるが、逆にシステムの据付けと静粛な環境が要求される音のチェック(オトダシ)作業の際に、周囲の工事音がうるさく、邪魔になるという問題も発生する。建設工事には大きな音がともなうが、施工業者はそれを当り前のこととしているので、お互いに音に関して配慮するということはない。だから全体の工程に音のチェックが組み込まれていても、その間だけ音を制限するという発想がない。よって落成引渡しの後に再度、音のチェックが必要になってくる。これは工程にない作業であるが仕方がない。

サウンドスケープデザインは制度化されていないが故に、全体の作業工程からも疎外されているが、デザインされた音(ＳＰＤでは慣用的にオトと呼ばれている)に何らかの価値を認める人々がいて、制度の隙間を突いた形でオトは作られる。この過程において背景的なものは専門家にとってどう現れ、どう表現されてゆくのであろうか。サウンドスケープデザインにおいては、ものを作ったり加えたりするという発想とは異なる発想が必要であることは、研究者によって指摘されてはいる[平松・卜田・谷村・鳥越　一九九七：二八―九]。しかし先に引用したニューハウスの作品のよさを明確にできないのと同様に、デザインされたサウンドスケープの魅力は今もって不明確なものである。オトのデザインの必要性やその効用はランドスケープデザインの場合と同じく、明確な機能を対象化できないという点で、現代のデザイン業務における発注形式では売り買いの対象とはなりにくい。

（三） 音のデザイン過程における試行錯誤

このようなオトのデザインでは、技術的、あるいは社会的な目的はランドスケープデザインほど問題にされない。その分、名付けえぬ魅力を持った風景のデザインは、ランドスケープデザインよりも容易に、デザイナーによって行われるのだろうか。

オトのデザインはランドスケープデザインにおける公園緑地などとは異なり、法制度の裏付けや制約が全くない。公的にはデザインされた音はあってもなくてもよいし、事例におけるデザインされたオトは様々な機能が付与されているオブジェクトとしての施設ではない。もちろん、サイン音やサウンドスカルプチュアなどは、聴かれるためのオトだ。しかしオトは公共事業において物品として扱われ、設計図書といった成果品という形式は取らない。オトは機器や備品と同じように納入されるものなのである。オトを鳴らすスピーカやアンプという物品に予算が付くのであって、デザインされたオトはそれ自体がいくら素晴らしいものであっても、物品納入の際に業者が自発的に付けてくれたオマケであり、ランドスケープデザインにおける設計図書のような重要性は全くない。このような状況であるから当然に、オトをデザインするという仕事はランドスケープデザインに比べると著しく少ない。発注する側がオトを作ることに価値を認め、さらにオトのデザインを行えるほどの物品や機器の予算を作る場合に限られてしまう。これは三章において紹介したアソビの事例に似ている。ＳＰＤは公共事業の文脈においてほとんど無意味に扱われるオトを商品にしているが、予算を適正に消化する範囲において、オトをデザインするという行為は可能になるのである。

博物館などにおいても環境音が製作される事例もあるが、この仕事も日本の事例のほとんどをＳＰＤが行っており、三章で見たコンサルのように、業界を形成するには至っていない。しかも、製作された環境音が機器の故障などで鳴らなくなっても放置される例がほとんどだそうである。施設運営者たちは、鳴っている音に対して無関心であることが多いのだ。この点でもＳＰＤのサウンドスケープデザインは社会の外側にある。

サウンドスケープデザインをめざして設立されたＳＰＤであっても、オトのデザイン業務は非常に少なく、年に一件あるかないかという程度のものである。博物館の仕事などはさらに発生の頻度が少ない。加えて、備品への予算という範囲内で、現地調査、作曲家への依頼、スタジオ調整作業、現地調整作業を行わなくてはならない。オトのデザインというのは儲けが出ないものなのである。よってＳＰＤの業務と収益の主力は、オトのデザインではなく、他の関連業務である。実際にデザイン作業を行うのは作曲家[5]を含めたチームであるが、作曲家たちも作曲という仕事の傍らに今回の事例のような仕事を行っているのである。

オトのデザインの仕事は、何らかの建設プロジェクトにおいて、当該敷地内に専用のオトを用意するというものがほとんどである。つまり当事者にとっては既にある空間にオトというオブジェクトを加えることによって、その魅力を高めることが期待されるのである。これは環境を構成する各々のオブジェクトに機能を割り当て、その総和を空間とする科学技術の考えと同じである。

しかし実際のオトのデザインの現場においては上のような機能は明確ではないどころか、多義的なデザインが故意に行われる場合があった。これは明確ではなくともデザイナー自身がハイスタイルであると思うからこそ、デザインを行おうとするのである。そこにはランドスケープデザインの事例と同じように、合理性という建前や、美しさというあいまいさの間で板挟みになるが、ランドスケープの場合と異なるのは、デザインされたものが故意に目立たぬようにされ、デザイナーたちにはそれ故の違和感を抱えている点である。オトのデザインの完成に至るまでの、この試行錯誤の過程を見ると、デザイナーたちも気づかない背景的なものが浮かび上がってくる。以下にその特徴を述べる。

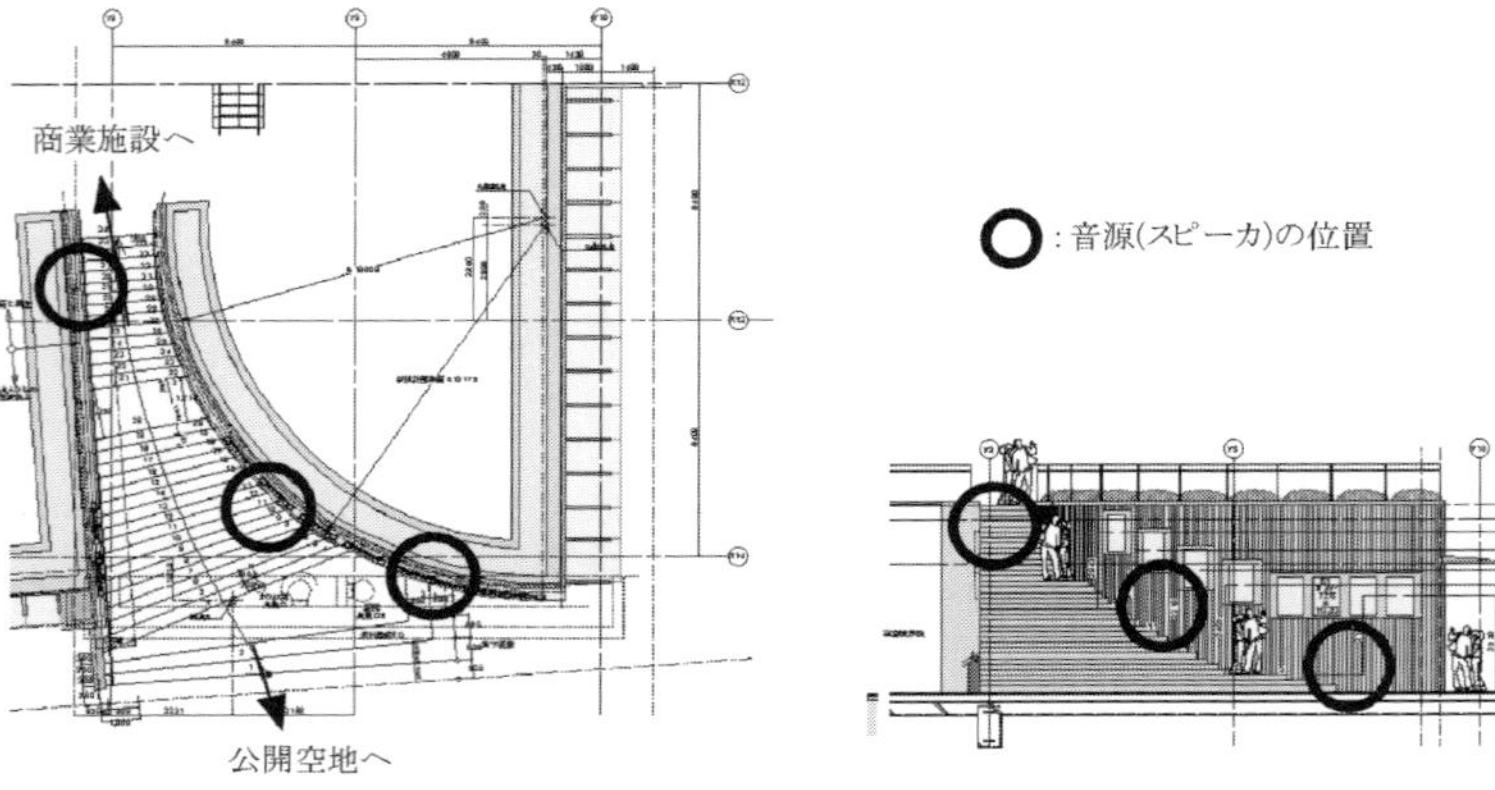

図 4-2　トルナーレ日本橋浜町音源(スピーカ)位置図

1　オトの必要性の破綻

公共空間において特別なオトを作る以上、その音源はその場を利用する人々にとって最も聞こえやすい位置と音量でなくてはならないはずである。しかし、オトのデザインが発注されるのは、他の建物や広場の設計が始まってからかなり後となることが多い。「トルナーレ日本橋浜町」における事例も同じく、オトがデザインされる場合であっても、その空間にはオトをあしらう予定は当初にはなく、その発注も物品扱いなので、設計される空間全体のコンセプトには影響していない。

ほとんどの場合、音のデザイン業務は建物などのハードウェアの設計が終了し、すでに建設工事が開始されてからＳＰＤに対して発注される。公共性を考えると、全体の中でこのオトが流されまた聞こえる区域は、不特定多数の利用がもっとも多く見込まれる区域と考えるのが順当である。この事例の場合、祭りなどの地域イベントに使われ、テナント店舗が多く面する公開空地（多目的広場）がふさわしいはずであるが、そこではなく、飲食店テナントが入る二階部分と公開空地を連結する外階段の部分にオトがあしらわれた（図４‐２）。

また、オトの音量も、周囲に騒音がない状況（具体的には交通量と人の出入りの少ない早朝の状況）において、ようやく聞こえる程度とされた。(6) オトのデザイナー諸氏によると、この程度の音量がよいそうである。なぜよいかは彼らもわからないそうである。「トルナーレ日本橋浜町」とは異なるが、ある水族館のオトのデザインにおいても、担当した作曲家は、入館者全員にオトが聞こえる必要はなく、また人混みなどの騒音でオトが消されてもよいと主張している。(7)

つまり、音源の配置、音量の点からいってランドスケープデザインの場合のように、利用者のためにオトがデザインされているわけではないということがいえる。またデザイナーたちはオトそのものだけを聴かせるためにオトを作っているわけではない。デザイナーたちは何か別のものの表現をめざしているのである。

2　利用として対象化できぬオト

聞こえても聞こえなくてもよいようなオトにはどのような機能や意味があるのだろうか。ランドスケープデザインにおいては、設計図面や構造計算書などの設計図書において個々のオブジェクトの機能は特定される。この事例の場合も同じく、オトが鳴らされる公共空間のデザインコンセプトについては、オトのデザインの導入決定に先立つハードウェアの設計段階で決定されていた。SPD関係者はそのコンセプトを具現化するためのオトを作る訳で、それがひいては、全体を構成する要素として割り振られた機能を持ったオトを作るということになる。

オトのデザイン作業はこのプロジェクトの対象となる敷地の雰囲気を調査することから始まる。調査といっても建築物の詳細を調べるのではなく、そこの雰囲気から何かを感じ取るだけである。作曲家たちは敷地から受ける印象をデザインするオトに反映させる。このプロセスはいわゆる音楽や楽曲の作曲とほとんど同じである。作曲家自身の言葉によると、鍵盤の前に座って「何も考えず」に弾く。こうして作曲家は心に浮かんできた音の連続を作る。

基本的なフレーズと音響システムが決まったところでスタジオにて作業が行われ、作曲家が作ったフレーズに

図4-3　スタジオでの作業

様々な操作を加える。この作業は終始友好的に行われ、雑談を聞いているようだ。各々がフレーズの印象を口にし、その言葉が言葉を刺激してどんな操作を加えるか、新たなアイデアが生まれ、実行されてゆく。この作業は音に変化を付け、修正することの繰返しである(図4-3)。

この作業には筆者も立ち会ったが、何を考え、どういった観点からさらに操作を加えるかについて、作曲家たちがコンセプトを確認することはなかった。ひたすらアイデアを語り、鍵盤を弾いてのオトの確認という作業が繰り返され、彼ら自身にとって最終的に最も「よい」オトが作られた段階でスタジオ作業は終了となる。

ところが、このオトをクライアント側に聞かせて承認を得るというプレゼンテーションにあたって、コンセプトを具現化するためのオトであることがSPD側によって解説された。図4-4の資料は、プレゼンテーションにおいてSPDがクライアント側に配布したものである。クライアントとは再開発組合(このビルが建つ以前からここに住んでいた住民で構成される事業主体)とその再開発組合から事業を請け負う再開発コーディネーター(設計会社や建設会社などに作業を割り振って調整する元請け会社)である。この資料によるとデザインされたオトには所定の機能が付与されていることがわかる。

しかしこの資料に書かれていることをそのまま事実として受け取ることはできない。この資料に書かれた音作りのコンセプトを要約すると、「騒音の中で江戸時代を再現するために美しく印象的に響く音」をデザインすることになっている。SPDスタッフによると、当初は周囲の雑音に埋もれず、かつ周囲の高層ビルとは対照的な

浜町再開発における環境演出音について

SPD

2005・7.26

音のイメージ

当初、浜町河岸のイメージから、水、船、荷車、江戸的な町の賑わいを基に音をイメージし始めた。

しかし、具体的で江戸時代のシーンを再現する音は（博物館等では何度も行ってきた）現代の高層ビルに付随する屋外階段部分の音としてふさわしくないように思われる。江戸や明治の浜町河岸に比べると、現在は、自動車の音が支配し非常に騒音レヴェルの高い、東京のどこでもほとんど変わることのない音の環境となっている。このような高い暗騒音のなかで音を活かすことは、水音のような幅広い帯域を含んだノイズに近い音では不可能に近い。むしろ、そのなかで、美しく印象的に響く音のほうがこの独自の空間性を作ることができると考えられる。

・ 人々を温かく迎える
・ 春夏秋冬を作り出す
・ 楽しさを感じさせる
・ やさしさを感じさせる
・ 都会の中のパサージュとしての通り抜け感を作り出す

というようなことを前提として音は制作した。

この音は、スタジオレヴェルや通常の屋内における聞こえ方ではなく、現場において最終検証をする必要がある。音の響き方や周辺の騒音との関係性などは、現地でのみ検証可能である。その結果、音色などの変更も余儀なくされることもありうる。

図 4-4　プレゼンテーション資料

風鈴の音を想定し、様々な風鈴の実物の音を社内で検討した。だがこれはスタッフの主観からいって新しいオトの提案とはなりえないと感じられたため、取り止めとなったそうである。代りに電子音を利用したオトのデザインに実績のある作曲家を起用したそうである。しかし、電子音の使用は「江戸時代のシーンの再現」というプレゼンテーション資料の文言とは一致しているとは考えにくい。SPDとしてはコンセプトの文言に振り回されるよりも、新しい提案を行うことを心がけた訳である。その方が彼らのいう「イイモノ」、彼らの主観からいってよいものになるからだそうである。SPDの社長が筆者に対して語ったところによると、「説明なんていうのは何にでも付けられるんですよ。どんな形であっても。私にはそれができる。だから、私は、ものを挙げてから説明を考えることにしている。そうじゃないとせっかくのいいものがだめになっちゃう」ということである。成果品のプレゼンテーションにおいては、最初に聴かせたときの印象でクライアントが承認するか否かが決まるそうである。彼によるとこの資料は「クライアントの肩を押してやる」、つまりクライアントの決心を補完するためのものなのだそうである。つまり彼らにとってのイイモノというのは、説明され得るものではない。

このようにして「トルナーレ日本橋浜町」のためにデザインされたオトの一部を採譜したものを図4-5に示す(8)。この譜を見ればわかるが、単純な旋律が長い間続けられる。この場合、異なる場所に設置されたスピーカから常に二種類のオトが流されるようになっている。ここを訪れる人々は、聞こえるか聞こえないか位に抑えられた音量の、繰り返される旋律を聞くことになる。この同一フレーズの繰返しはオトのデザインにおいて多く行われるもので、形態としては先に述べたランドスケープデザインにおける連続形態をデザインするという実践の事例に相似する。

このオトには導入部から終止に向かうコード進行が見られない。音楽研究者の小沼純一によると、このような反復はミニマル・ミュージックに見られる特徴でもある[小沼 一九九七:二二二―三六]。しかし、楽曲として傾聴されることを想定されているミニマル・ミュージックとは異なり、この場合はあえて聞こえるか聞こえないかの音量にされるという点で聴衆の存在が期待されていない。つまり現代の一般的な意味での楽曲と呼ばれるものではない。このタワーの住人のひとりはいう。

　このタワーの外構にサウンドスケープがデザインされると聞いたとき、何をしたいのかわからなかった。でも建物が完成してこの音を聴いたとき、何かいいなーと感じた。何がいいのかわからないけど、いいなって思います［この土地で生まれ育った住民・六十代・男性］。

これはいわゆるＢＧＭとは異なる。ジョナサン・スターンはショッピングモールなどで流される有線放送を論じる際に、前景的音楽(foreground music)と後景的音楽(background music)という対比を使っている。前景的音楽というのは聴くために独立したオブジェクトとしての楽曲、後者は商品など他のオブジェクトを目立たせるための音楽だという［Sterne 2003: 323-6］。しかし、ここでデザインされたオトは、前景的ではないのはもちろんであるが、オトが鳴らされる場所に作られた再開発ビルや広場やそこに入るテナントの店舗を目立たせることが目的とされていない点で、スターンのいう後景的音楽とすることもできない。

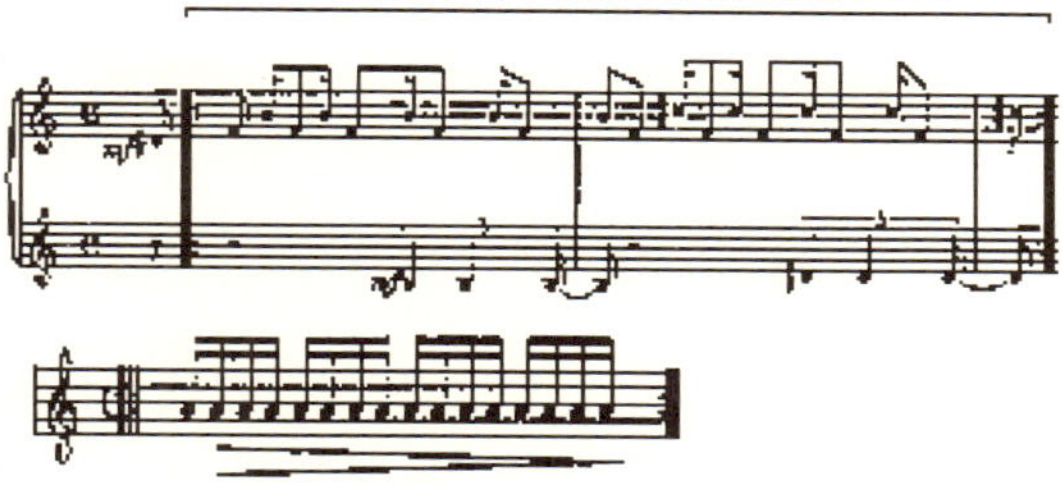
この部分が日中の間，常に繰り返される
同時に二種類の音が離れた音源からかけられる
（この採譜によって紹介した音とは限らない）
このトレモロ音が日中の間，常に繰り返される

図 4-5　デザインされた音のフレーズ

この音のデザインはこのような楽曲として識別できるものではなく、不明

瞭な印象を与えるものである。

3　わかりやすさの拒否

作曲家の話によると、この繰返しの中で気をつけねばならないのは「オトが固まっちゃう」ことだという。「固まる」というのは、オトを聴いたとき、説明的に聞こえるということらしい。これについてさらに作曲家の発言を紹介すると、

歴史とかってなると、音をそこから拾ってくるとかしちゃうんですよね。そうなったら理屈っぽくなる［作曲家・四十代・男性］。

そう、歴史の記憶とかいうけど、過去だけじゃないんだよね。新しい提案だから。過去だけだったらこういうのはいけないんだよ［作曲家・五十代・男性］。(9)

というのである。

この作り手が作ろうとしている「新しい提案」を提示することはとても難しい。それは曲として旋律やリズムが新しいということではない。例えば、ＳＰＤと共働する作曲家のひとり［作曲家・四十代・男性］はいう。「(私の作る音が)作品になっちゃいけないような気がする」。

彼にとっては自分の作るオトが、楽曲のように独立した作品となってはいけない訳である。しかし個別の作品であることを止めて、周囲に溶け込めばよいという訳でもない。普段はポピュラー音楽の作曲を行っている他の作曲家のひとり［作曲家・五十代・男性］はいう。「音をデザインして今ある風景に調和するのはそれでいいと思う。でもそれだけじゃダメなんだ。それだと作品になっちゃう」。

新しい提案なのだから、先行している音の形態の再生産だけではいけないことを、音のデザイナーたちは意識しているのである。

今回オトをデザインした作曲家たちはまた、テレビや演劇の劇伴音楽（ＢＧＭ）も作曲しているが、その場合はこの「トルナーレ日本橋浜町」の事例とは違い、周囲に合わせた曲を作るよう心がけるという。またＳＰＤの社長は、空間に合わせるだけならスタジオミュージシャンに頼む方がよいともいう。スタジオミュージシャンなら、例えばディズニー風ならディズニー風にと、すぐに再生産を行ってくれるのである。

ＳＰＤの社長はオトのデザインを説明するときに、よくジャンプ(10)という言葉を使う。これは何か今までのオブジェクトとは別のものが創作されることをさしている。作曲家たちと語り合っているとき、彼は「何か別のものにジャンプする」といういい方をする。ここにはオブジェクトを作るにあたって、「芸術」やデザインといったカテゴリーにあてはまらないものを作るという意味が込められている。彼は何かよいもの、「芸術」とか音楽とかとは違ったものをいおうとしているのだ。それは、今まで存在しているような明確な形を持ったものではない故に、口では説明しにくい。それでジャンプという言葉を使っているのである。それは既存の風景と調和するオトをデザインするということではない。デザインされたオトは聴くためのオブジェクトではない。それは今までと違う経験を提供する風景の一部なのである。

また現場でのオトの確認作業においても、さらにデザインされたオトには、音量だけでなく音の高低などにも微修正が加えられる。いまある風景にデザインされたオトが加わって感覚されることにより「イイ」か「チガウ」かが、主観的に評価される。これからデザインされたオト自体も、最終成果品であるオトを作り出す経験の一部をなしているといえる。デザイナーたちにとって、成果品としてのオトを作り出すことが目標であるが、この過程は、彼ら自身によって経験された風景に（成果品としての）オトを加えることによって、その風景を、デザ

図 4-6　トルナーレ日本橋浜町，音のデザインがあしらわれたオープンスペース部の俯瞰

イナーやクライアントを含めた不特定多数の人々にとってよい経験とする過程といえよう。

三　風景における非オブジェクトの表現

（一）　オトを含めた全体の表現

サウンドスケープデザイナーたちが作るオトの形態はミニマル・ミュージックのような芸術作品のものと相似であっても楽曲とはいえず、また理工学的な機能や、あるいは歴史性や文化の反映などといったものとは異なるものを表現しようとしている。この点では社会性の反映として音が作られている訳ではない。その音量は聞こえるか聞こえないか程度の小さいもので、何らかの理工学的な機能や社会的意味を主張しない。

ＳＰＤは、他のオトのデザインにおいては、このオトをＣＤとして販売することがあるが、純粋に聴取の対象としにくいものは、ＣＤにはしないという。聴取の対象というのは、本章でいう楽曲だが、これをどう選ぶかはCD制作者側の主観と経験によるしかない。SPDによると、今回の事例のような、始まりと終わりがなく、長時間の音の連続はCDにはならない。また大音響で聴かせる実験作品もCDにはできないという。

つまり、この事例で作られたオトは、CDなどでオトそのものだけを聴かせるために作られたのではないのだ。むしろデザイナーたちが表現したいのは、そのオトを含めた視聴覚的な風景全体である。デザインに先立って彼らが感覚する現場の雰囲気は、先に述べたように主観的なものであり、そこにまた主観的なオトを加える形でデザイン作業が進められてゆく。現場の風景に感じられる雰囲気といったあいまいなものが、デザイナーにオト作りを促しているのだ。主観の表現においては科学技術から見た機能や社会的な意味は直接に介在しないか二義的なものでしかない。

これはルフェーブルのいう「「主体」の刻印」と同じく、芸術作品である。それがジェイムソンやラッシュが論じたような過去の形態の繰返しや組み合わせかどうかはここでは問わない。また、グローバリゼーションが反映された結果として、SPDのスタッフたちは電子音を取り入れているという考えもできるかもしれないが、少なくとも、アルジュン・アパデュライがいうような、多様な要素が混じり合ったランドスケイプ［アパデュライ二〇〇二］の現れとしてだけでは解釈し切れない。クライアントがサウンドスケープデザイナーに期待するのはこのような「独創」である。これはまたデザイナー自身にとっても自覚されている。この「独創」を作るのは彼ら自身の主観であり、名付けえぬ破れたものとして、サウンドスケープデザイナーたちに作用する克服的行為体である。主観的ではあっても、楽曲などといった社会的に定位されているオブジェクトの製作をめざした作曲活動とはいえないことに留意する必要がある。

(二) 住民にとっての正しさの動員

オトの形態と同じように、音の大きさや、音源の配置も目立たぬように行われるが、それは、オトが加えられる環境に既に存在している他の様々な形態(視覚的なものと聴覚的なものを併せての形態)との兼合いで決められる。このときの兼合いもデザイナーの主観によって行われ、明確な基準はない。このようなオトのよし悪しの判断もまた、デザイナーの主観に依存している。このためクライアント(本事例の場合は地域住民)にそのよさを納得してもらうためには、「背中を押す」といった形で、機能や歴史性が引用される。こういった説明は、オトを知覚する者の解釈を限定することはない。実際はクライアントも、オトの説明ではなくオトそのものを聴いて、そのよさを納得している。いい換えるとデザイナーたちは科学技術から見た機能や社会的意味によって、オトを決めているのではない。デザイナーたちはこれらでは捉えられない音を作り出そうとしているのであり、科学技術における機能や社会的意味は、この実現のために動員されているのである。

このオトが作られる過程は都市計画において、マニュアル化された様々な法令や技法が介在せずに実現される。オトとして実現されたデザイナーの主観は、現場でのオトダシなどの作業の中でさらに主観的に判断され、修正が加えられて、最終形態である成果品に結実する。

(三) オトへの実践がめざすもの

このようなデザインはどのような過程を経て作られたのだろうか。事例におけるオトは、デザイナーたち自身の主観において作られた。これは当然、デザイナーたち自身が目指すハイスタイルなものの反映といえる。このハイスタイルを作り出すにあたって、デザイナーは実際の風景を経験し、誘引子として取り込んでいるともいえよう。同時に、理工学的な機能や社会的意味などは、デザイナーが何かを作り出すことを直接に促している訳ではなく、むしろクライアントや住民が望む施工性・納期・経済性としてデザイナーの行為を裏書きするために動員されている。こうして作られたオトはさらに元の風景に加えられ、周囲の様々な音と比較されながら、音量が調節されるという試行錯誤が行われる。

このオトの作られた音の連なり、つまり形態だけを見ると、これは終りのない音の高低の繰返しという点で、ミニマル・ミュージックのような芸術作品と類似しており、形態としては「独創」とは断定はできない。しかし、傾聴の対象である楽曲とはされずに、ひそかな音量としてオトが加えられている点で、理工学的な機能や社会的な意味の反映とはいえない。これがもしCD化されるような楽曲や、時報などの信号音、目立ったサウンドスカルプチャーになってしまうと、それは「チガウ」ものとなり、調節が行われるのである。デザイナーたちは、こうして風景が変わること、すなわち楽曲やBGMではなく、社会的価値や機能の反映でもないジャンプの感覚を表現することをめざしている。

デザイナーたちが自分たちの意図と感覚において、なぜこのような試行錯誤を行うのかというと、風景に説明しがたい魅力を感じ、オトが加わった風景に、説明しがたい魅力を持たせたいからであろう。現況で存在している様々な視聴覚的な形態を、ハーシュのいう「前景の現実性」とすると、作られたオトの形態は芸術作品としても、それ以外の全くの「独創」としても日常的とはいえない。また音量も、不特定多数の人々が傾聴するには適さない。つまりここの風景の中でのオトは、前景的というより、むしろ逆の、背景的なものとして風景に追加されるのである。このような風景を感覚することは、二章で挙げたド・セルトーのいう、計画された都市を歩く場合と同じ実践であり、ここにおいてデザイナーには、作曲家などという社会的な役割とは異なる主体が立ち上がっているといえよう。

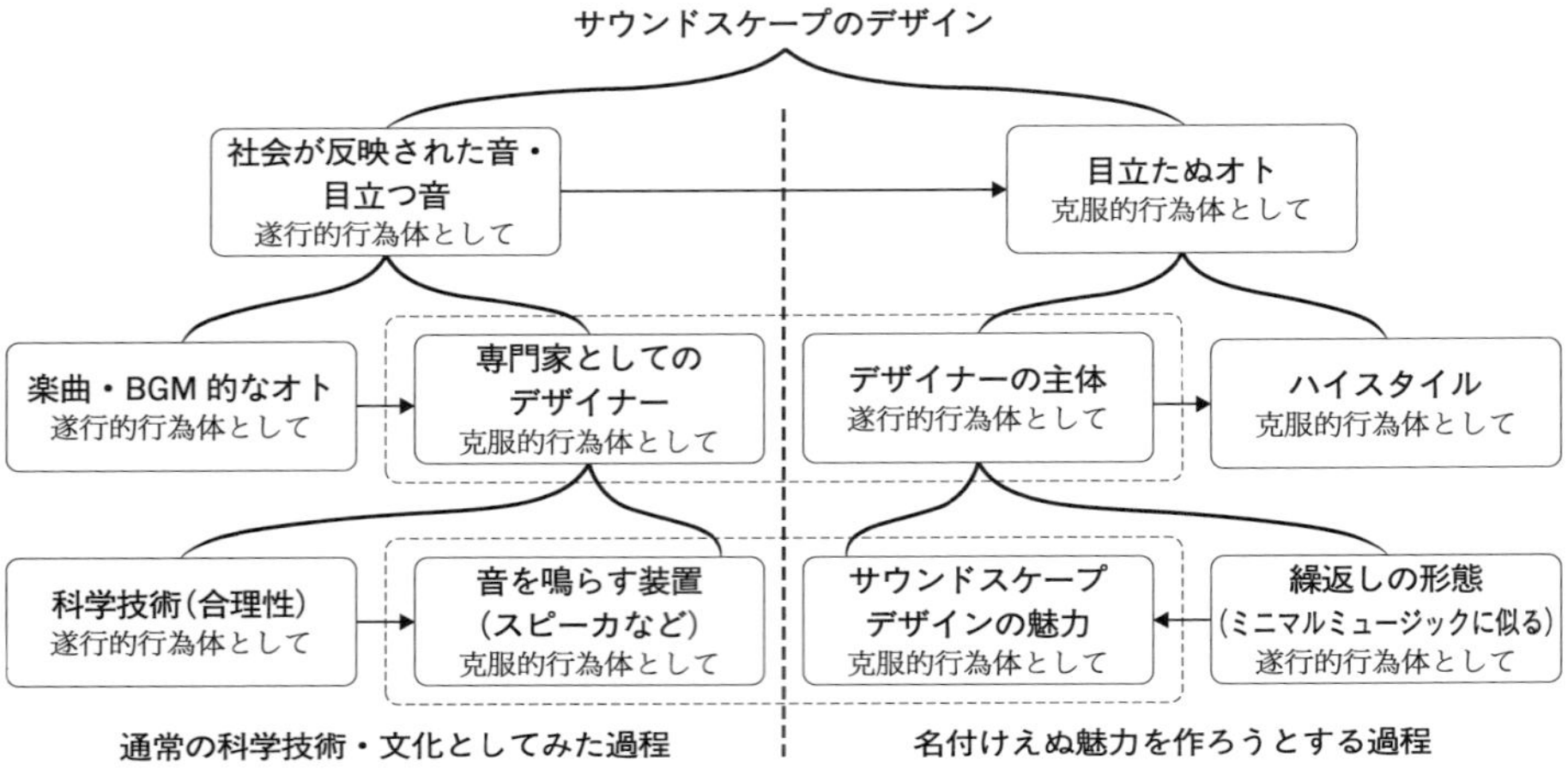

図 4-7　サウンドスケープデザインのプロセス

デザインされるサウンドスケープには、何らかの社会性が反映された音として解釈される一方で、事例のように、理工学的な機能や社会的意味が反映されていない、非オブジェクト的な形態として、目立たぬ音源の配置と音量がまぎれ込んでいる。前者は遂行的行為体として、後者は克服的行為体として、ともにサウンドスケープデザインのプロセスに立ち上がるといえよう。

　これらの形態は、住民たちの意向を反映させた遂行的行為体としての楽曲やＢＧＭのようでもあるが、そこでは克服的行為体としての専門家が介在して、その形態を作っている。専門家はまた、遂行的行為体としての技術的合理性を、克服的行為体としての装置に反映させる存在でもある。

　しかし同時に、デザイナーたちには科学技術の専門家としての枠内に入り切らない主体の部分がある。非オブジェクト的な目立たぬ形態は、遂行的行為体としてのデザイナーによって、よいものとして作られたといえよう。そのデザイナーたちがめざすよいものは、ハイスタイルであり、克服的行為体としてある。この主体にとっては、事例において見られた楽曲には収まらない繰返しの形態が、遂行的行為体としてあり、この主体が、魅力的なサウンドスケープデザイン（つまりＳＰＤでいうオトのデザイン）を克服的行為体として立ち上げたのである。

事例においてサウンドスケープがデザインされた過程は、機能や地域性、あるいは楽曲のような、科学技術や文化の反映ではなく、科学技術や文化とされるものの形態を借りつつ、常に科学技術や文化には収斂しない魅力を生み出す過程なのである。これを整理して図式化すると図４-７のようになる。

四　ま　と　め

サウンドスケープという分野が誕生して以来、風景としての音は、何らかの理工学的機能や社会的意味を反映したオブジェクトとしてデザインできるかのように扱われてきた。しかし本事例におけるサウンドスケープのデザインは環境を構成する要素としての、オブジェクト的な音づくりをめざしてきた訳ではなかった。むしろ風景から感じられる、捉えどころのない魅力を表現することに主眼が置かれてきた。その形態は三章の事例と同じく、楽曲や作品といったオブジェクトとはいい切れない側面を持つ。本事例におけるサウンドスケープデザイナーたちの発言は、地域性や作品性とは異なる音のデザインを指向していた。つまり本事例におけるサウンドスケープデザインにおけるオトは合理性や「芸術」や文化が託されていたとしても、社会的に合意されたひとつの解釈に収斂しない点で背景的なものである。クライアントとの交渉においては、ともすれば世慣れた対応を取るオトのデザイナーたちも、自分たちのデザインするものが作品のように何らかの社会的な位置を占めているオブジェクトとなることに対して、困惑していることからわかるように、彼らは作曲家を含む専門家が作ろうとするものとは異なるものをめざしているといえよう。このサウンドスケープデザインにおける事例は、科学技術や文化によって完全には対象化されないものが作られる過程である。これについてまとめてみよう。

（一）　後づけの機能

サウンドスケープデザインにおいては、科学技術における機能からの解釈や、音に「文化」の表れを見ようとするサウンドスケープの姿勢を持っていると同時に、一九六〇～七〇年代からの風景観や音楽観への懐疑を引き継いでおり、科学技術や「文化」から顕在化できていないよさを形態として作ろうという点もサウンドスケープのデザイナーたちに共有されている。しかしＳＰＤのスタッフは、ランドスケープデザインのような説明を行うことをあきらめている。「背中を押す」ためのプレゼンテーションにおける資料は、図4-5の文言を見ても、やさしさや美しさなどランドスケープデザインにおいては主観的とされて使われない言葉が並び、また現場作業でデザインを変更することを明記するなど、ランドスケープデザインの専門家からすると、合意を形成するためのものとはいえない。

ランドスケープデザインにおいては、デザイナーたちに異和感を催させる「政治的正しさ」は、公的な文脈においては不必要な試行錯誤の中で、風景の中にアソビの形態を加えるという形で行われたが、音のデザインにおいては、逆にアソビを行うことが重要とされ、科学技術や社会的意味の反映は、アソビの後に付いてくるものであると理解されている。この両者は対置されたり背反するものではなく、併存可能である。むしろサウンドスケープデザインのよさは機能や社会的意味の外側にあると、当初から期待されるのである。

（二）　配置による魅力の表現

サウンドスケープデザインは、解釈の多様性やあいまいさを保ったまま風景をデザインする行為である。このデザインは音響装置を用いるが、科学技術からの機能や社会的意味によって説明されず、また楽曲のように積極的に「聴取」される対象でもないという点でハーシュのモデルにおける背景的なものであり、このような背景をきっかけとしてランドスケープの前景も含めた風景を浮かび上がらせようとするものだ。

デザイナーたちはこの背景的なものをオトとして作り出そうとし、完成したオトを含む風景はまた、それを感覚する者にとって様々な解釈の可能性を持ったものとして受け取られることが期待される。このオトも、音の高低やリズム、音量といった形態を有しているが、しかしその配置は目立たぬ周辺的なものとされており、それを感覚する者の解釈を音楽といったオブジェクトとして固定化することはめざされない。「聴取」のための楽曲をめざして音が作られている訳ではなく、既存の環境を前提としてそこに加えるための音が作られている。これは科学技術や地域独自の文化という観点からは対象化できず、楽曲のような「芸術」でもない点で、やはり三章で述べた名付けえぬものを魅力としてデザインすることをめざしたものである。

(三)　還元されぬ形態

これまで見てきた二つの風景における、名付けえぬ魅力をデザインする過程も、そうして作られた形態も、何らかの社会的な位置に収斂する性格のものではない。サウンドスケープデザイナーは社会的立場も、彼ら彼女ら自身が抱いているエトスも芸術作品を作る専門家(芸術家・アーティストなど)に近く、名付けえぬ魅力を表現しようとする。しかしデザイナーたちが作るものは全体の風景の中の一部分でしかない。本事例の場合、既存の環境が前景的なものとすると、デザインされるサウンドスケープは、そのオト自体と既存の環境を含んだ風景の中で、前景として明確になることを作り手からは期待されない。それは社会の格子の中にあって、そこに定位されないよさをめざすのだ。いい換えるとサウンドスケープデザイナーの実践は形態として目立たず、周辺的なものに留まろうとする。オトはあくまで「聴取」の対象となってはならないので、周辺に位置せざるを得ないのである。だから作品であることを回避した「気づき」[鳥越 一九九七：一九三]に留まるしかないのである。しかし背景としてのサウンドスケープは、ランドスケープを含めた前景としての他の風景要素がなければ成立しない。サウンドスケープは科学技術における機能や社会的な意味が特定できるものではなくても、風景中の前景的な要素にまぎれ込んだ、背景の可能性あるいは気づきとなって、名付けえぬ風景を成立させるものである。

次章では、ランドスケープデザイン、サウンドスケープデザイン両者の実践を比較検討する。これによって両者に共通して表現されようとする魅力を考察し、風景の製作を通して見えてくる、社会とその社会を構成する個々人による表現行為との相互作用を考えたい。

（1） 例えばケプラーの法則で有名な天文学者のヨハネス・ケプラー(Johannes Kepler, 1571-1630)は、太陽を中心とする惑星運動の規則性を和声とのアナロジーで捉え、人間を越え、宇宙を制御する存在である神の表れとして扱っている[ケプラー 一九七四](原著は[Kepler 1619])

（2） 楽曲の始まりから終止に至る和声進行。通常、西洋音楽においては、音の高低やリズムのある音の連続であっても、終止の和声がない場合、それは楽曲が終ったとは見なされない。

（3） 芦川はジョン・ケージの「チャンス・オペレーション」(偶発的な音を演奏する手法)などを取り入れた作品《オートマティック・コーラス》(一九七六)なども発表しており、ケージの影響も受けていることがわかる(芦川の作品については[小川ほか編 一九八六：五六―七]を参照した。)。

（4） 社会の反映としてのサウンドスケープ研究の事例は、例えば[山岸・山岸 一九九九]に多く紹介されている。

（5） この作曲家たちも、少なくとも本書で紹介する事例に関わった者では、音楽の専門教育を受けた者はいなかった。つまり「音楽家」という専門家集団の中でも周辺的である。

（6）この現場でオトの確認作業は工程上、通常の環境音のみの状況で行われねばならず、工程表でもそう指示されているのだが、最初のオトダシ作業は工事の騒音がひどく、音源の調整が困難であった。音は風景の一要素であるということはどのような作業条件が必要なのかということが、実務関係者には全く考慮の外であるのが実情といえよう。

（7）本事例を調査した時点で、この作曲家はすでに故人となっていた。このため、このデータは一緒に仕事をした別の作曲家へのインタビューによるものである。

（8）音のデザインを行う作曲家たちはみなパソコンを使って作曲し、楽譜を作らない。よって筆者が楽譜を作成した。

（9）ここでの「歴史の記憶」という発言は、一緒に業務にあたる建築家などといったデザイナーたちからのものである。歴史性を象徴する形態を公共建設物などに取り入れる場合、彼ら彼女らがこういった表現を行うことは珍しくはない。

（10）いわゆる「芸術」の世界では、ほかにもやや異なるニュアンスでジャンプという言葉を使う人はいる。様々な芸術家と協働するＳＰＤの仕事を考え合わせると、本事例の調査においては資料の不足故に、このジャンプは彼独自の発想による言葉と断定することは留保しなければならない。

第五章　全体のまとめ

本章では、風景のデザインにおいて、名付けえぬ魅力がどのように生み出されたか、その過程を検討し、全体のまとめとする。我々を取り巻く環境をデザインするにあたって、文化人類学を含む諸科学は、環境を成立させている要素を明快に特定する努力をしてきた。それはコスモロジーや道具的な機能、社会的意味などとして解釈され、地理的な広がりにあてはめられ、また人工環境に反映されてきた。しかし、これまで述べてきたように風景においては人為的な解釈をすり抜けて、名付けえぬ魅力が感じられ、表現されようとする。この魅力は本書の冒頭に述べたロッテンバーグの発見的庭園のように、やがては明確なものとして明らかにされることが期待されてきた。

現在においても風景の魅力は明らかではなく、科学技術では対象化できない魅力もデザインしようとしてきたランドスケープデザイナーは、名付けえぬ魅力を画一的な法則性に還元できない地域独自の文化や、説明できない魅力を持つ「芸術」に求めてきた。そして本書において名付けえぬ魅力と呼んだこの魅力をデザインしようという問題意識はサウンドスケープにも引き継がれている。

我々が、風景に名付けえぬものを感じ、その名付けえぬ何かよいものを醸し出す世界として風景を作ろうと努力するとき、そこには前景化されていない背景の世界が私たち一人ひとりに感覚されているといえるだろう。本書で事例として取り上げた、機能や意味が明解なオブジェクトの形態によって名付けえぬものの表現をめざしたランドスケープデザイン、この手法への懐疑から名付けえぬものの表現をめざしたサウンドスケープデザイン、一見正反対に見えるデザイン過程の詳細をたどってゆくと、機能や社会的意味が付与された形態だけではなく、名付けえぬ魅力を持った形態の表現がめざされていたという点で共通することが明らかになった。これは科学技術や文化によるだけでは生み出すことのできぬものであり、それ故に試行錯誤の実践によって作られるしかないものである。本書の事例におけるこれらの過程を考察することによって、今までの風景研究の考え方に新たな視点を提示できよう。

一　名付けえぬ魅力とデザイン

風景全体が作られる過程として、デザイナーたちの行為を振り返ると、社会性を反映したオブジェクトとはいい切れないものが作られ、それによって風景全体に名付け得ぬ魅力が与えられようとしていることがわかる。本節ではこの過程を振り返ることによって、名付けえぬ魅力はどうやって作られようとしたのかを考えたい。

デザイナーたちにとって魅力として作られたものを見ると、ランドスケープデザインにおいては、それは幾何学的な形態や、また連続した形態を組み合わせた公園内施設のデザインが背景的なものとして含まれ、これらの形態は既に現代芸術作品と同様な魅力と指摘されていた［例えば村上 二〇〇一：五〇一、岡田・北川 二〇〇八］。またサウンドスケープデザインにおいては、ミニマル・ミュージックと同様な単純な旋律の繰返しや、その旋律にまた別の音をかぶせ、不規則な音が混じる繰返しの音の動きなどが作られた。

デザイナーたちがデザインした形態は公的な報告書や説明においては、必要な機能を追求した結果としてデザインされたものと言明されていた。しかし住民や専門家たちは、言明された機能以上の魅力も求め、デザイナーたちもこの魅力を作ろうとした。デザイナーたちにとっては、科学技術や文化によって捉えることのできない魅力的な形態は、上のような特徴を持ったものとして認識されているのである。

しかし、風景全体の中で、この形態が配置されてゆく過程も併せて振り返ると、単に文化や科学技術の反映、あるいはハイスタイルのような「芸術」的オブジェクトが作られただけに終らないものが見えてくるのである。事例を振り返ってこの点を整理してみよう。

（一）文化によらない風景の魅力

本書の事例における名付けえぬ魅力はどのようなものであったろうか。ランドスケープデザインの事例では、それは幾何学的な形態の連続であったり、あるいはコンクリートや鉄骨や平鋼（スチールバンド）など、土木工事においてはありふれた材料が使用されて形作られている。またサウンドスケープデザインにおいては、電子音によって音の動きの連続が作られた。

我々はこのような材料を、科学技術的な合理性を反映したものと考えがちであるが、これらの形態は科学技術的な合理性や社会的な意味だけを反映して作られたものではない。これらの形態を風景の中に配置する明快な目的を言明しにくいため、ランドスケープデザインにおいては目立たぬ形態や配置に追いやられるように見えた。しかしサウンドスケープデザインにおいてデザイナーたちは、あえて音量を抑えた音の繰返しによって、音の形態を目立たないものにした。このような形態は、視覚的に目立ってしまうと、三章で挙げたようにディズニーランダゼイションの形態と識別できなくなる恐れがあり、また聴覚的に目立ってしまうと楽曲や時報などと区別が付かなくなる。目立ってしまうと社会的に構築されたオブジェクト的なものになるのだ。むしろ、名付けえぬ魅力としては、これらの形態は環境全体の中で目立たず、かといって無視もされない程度の存在でなければならないのである。これらの形態は科学技術的な機能や社会的な意味が過剰になっては、魅力的ではないのである。もちろん、これらの形態は科学技術的な機能や社会的な意味としても解釈が可能である。三章で見たように幾何学的な形態は施工性などの点から合理的と解釈できるし、四章で見たように、こじつけめいてはいるが歴史や文化の反映であると考えることも可能ではある。

しかし、これらの形態は目立たない配置とされることによって、解釈の対象とはされにくいものになる。この点で、風景における名付けえぬ魅力は、これらの形態だけが担っているのではなく、あくまで風景全体の中で、科学技術的な機能や社会的な意味が明らかではないが、気付く人は気付くといった非オブジェクト的な存在となる。風景におけるこのような魅力は、近代造園学における機能として顕在化がめざされてきた。これはまた一章で見たように、科学技術としてではなく、文化としても顕在化する努力がなされてきた。さらに科学技術における合理的な機能では説明できない何らかの文化的、社会的な秩序として明らかにされようとした。一章で見てきた前空間性や、かくれた次元に導かれたオブジェクトの配置として空間を捉えようとする努力がそれである。この視点は科学技術によって画一的に作られる都市への、住民からの反発や、あるいは画一性を住民のアイデンティティ構築へと変化させる過程を浮き上がらせる研究へとつながった。

しかし、事例においてデザインされた形態とその配置は、科学技術やそれ以外の住民からの視点では捉えることができない。事例における単に目立たぬようにする配置は、前空間的なオブジェクトの配置のように、何らかの文化的な秩序の反映とはいえない。ではこれらは文化にしろ科学技術にしろ、何らかの社会的な秩序に対しての、住民の側からの異議申立てなのだろうか。コンクリートや鉄骨による幾何学的形態の連続や、電子音の使用は住民のアイデンティティなどの反映とはとてもいえない。またデザインされた形態は目立たぬように配置されるので、異議を含め何らかの主張のためのものではない。

では、名付けえぬ魅力は形態や配置として特定できなくても、デザイン選択モデルのような、ある種のデザイン過程へと導くスキーマがあるのだろうか。事例においては、確かに既存の形態の取捨選択は、新たな形態ともなろう。しかしデザイナーたちがこのようなスキーマに導かれているなら、形態の選択において様々な試行錯誤を行う必要はないのではないだろうか。スキーマに導かれたとするだけでは、事例における試行錯誤を説明するのは難しい。

一章で見てきた文化によって説明しようとする考えは、風景の魅力を反科学技術として探るものともいえる。しかしこれらの視点は、名付けえぬ魅力を考える上でのきっかけにはなるが、どのようにデザインを行うかという答にはならない。このような形態は社会的に定位できない点で、明示的でも明快でもないノイズ的な情報である。またこのような形態への嗜好は、社会によって定位された形態で構成される環境の中に、そうではない形態をまぎれ込ませるという行為として現れる。そのように作られようとする魅力的な風景は、社会の完全な反映とは異なるものがめざされた結果として作られたといえる。ハーシュのモデルにこの風景をあてはめると、社会によって定位された形態は風景の中の前景にあたり、社会の反映とは異なる形態は背景にあたる。もちろん、風景という全体の中で前景との関係として背景があるのであり、純粋に背景的な形態は実際にはありえない。

魅力的な風景がデザインされようとするとき、その魅力は、上のような前景と背景の対比として作られようとするのである。この前景／背景の対比の作られ方は、何らかの社会や文化、スキーマに還元することは困難なのだ。この場合、風景を構成する全ての形態を社会の反映、あるいは均一化をめざす科学技術などへの抵抗として扱っても、このような過程を対象とすることはできない。まずは社会や機能といったものの存在を前提とせずに、風景が作られてゆく過程を見つめることが必要となるのだ。このような風景を魅力あるものとしてデザインする行為は、社会的に定位された形態に依拠しつつ、同時に社会的なものには還元し切れない形態を手探りで併置してゆく点で、作り手による実践の過程なのである。

（二）名付けえぬ魅力への行為と過程

この名付けえぬ魅力を考えるためには、風景がデザインされた過程を改めて見直さなければならない。デザインを行う人々を社会集団として、その集団における、自覚されない文化［アレグザンダー 一九七八：二七］を予見するのでは、前空間性の議論と同じであり、これでは不足である。また均一的な科学技術への抵抗、あるいは科学技術への反省として捉えるなら、それはラッシュのいう図像のように顕著な目立つ形態になってしまう。これはアイデンティティ構築やディズニーランダゼイションの議論と同じく、風景において、誰にとっても目立つような顕著な形態の説明はできても、事例のような目立たない配置などを説明できない。

事例におけるデザインの過程は、我々にとって目立たないもの、つまり意識されない形態が、科学や文化に満足できないデザイナーの主体によって、意識されないところに作られる過程でもある。そこで作られた形態に機能や意味を予見するのではなく、このような社会集団における器用仕事《ブリコラージュ》の紆余曲折を振り返る視点が必要になる。

特に本事例のデザインの過程においては、デザイナーに何らかの機能や意味を直接に反映させることを媒介するエージェンシーと、その逆に何らかの機能や意味を直接に反映させることをためらわせる、逆のエージェンシーが立ち上がっていたのは、ジェルのデザインのプロセスに示した通りである。これらは工程表や完成図面のような、作られた成果品にまつわる公的な文脈だけを参照しても明らかになることはない。公的な設計図面、設計報告書にある説明には、この過程は盛り込まれることはないし、完成した形態からも明らかにすることはできないのだ。

このような紆余曲折は、近代造園学を始めとする科学技術の考えでは、やがては普遍的な科学技術として共有されることが期待される。しかし本書の事例においては、明確な方法として共有されておらず、あるいは近代造園学を含む諸科学が、科学技術に対置してきた文化における慣習などに従って行われる訳でもなかった。

事例において、作られた形態だけに注目すると、既に指摘されている通り、単純な形態の連続などは「芸術」の形態と共通している。この形態は、ある者にとってはハイスタイルであり、例えばデザイナーという社会集団に共有されるスノビズムの表れとすることもできよう。あるいは事例において、この形態は科学技術における合理性の表れのようでもあったが、それだけで説明することは困難であった。この点で、科学技術以外の何らかのスキーマがデザイナーたちに共有されており、その結果、科学技術において多用される材料が選択され、ハイスタイルが作られたようにも思える。科学技術の合理性が重視される多くのランドスケープデザインにおいては、非合理なものは排除される故に、ハイスタイルはデザイナーたちによって目立たぬ形態と配置にされたとも考えられる。もしそうなら、ランドスケープデザインにおいて科学技術の合理性が重視されない場合、ハイスタイルな形態は目立つように配置されやすくなるであろう。しかし、三章で引いた札幌市とニューヨーク市における、現代彫刻家がデザインした公園のように、それらがハイスタイルとして、広く住民たちに共有されるかどうかはわからない。そのデザインは、ある住民においてはハイスタイルとは正反対なディズニーランダゼイションとなることもあり得るのである。この場合、デザインされた風景は名付けえぬ魅力を持っているとは限らない。

しかし、サウンドスケープデザインの事例においては、ハイスタイルな形態は、明確な形態として意識されず、あえて目立たぬような配置とされた。この配置のされ方については、一章で槇文彦らによった「奥性」や〈中央

—周辺〉などのような、何らかの科学技術的、あるいは社会的な秩序はない。サウンドスケープデザインの事例で見たように、周囲の環境が作られてゆく状況に応じて調節されていったものである。

三章と四章で見てきたように、風景のデザインは様々な先行形態が選択され、組み合わされることによって新たに作り出されている。このとき組み合わされる先行形態や、デザインの根拠として動員される合理性や住民の意見、地域性などといったことがらはすべてアクターとすることもできよう。しかしそうして作られ、配置された形態の一部は、デザイナーを含め、それを感じる者たちにとって、風景の中では、あたかも意味が明らかにはならないことを欲しているかのようである。デザインされた形態が風景全体の中で目立ってしまった場合、その形態を含む風景は、ともすれば感じる者に違和感を覚えさせるため、その違和感がデザイナーたちにおいては目立たぬようにするきっかけとなった。

この過程は先行形態の単なる再生産や組み合わせとは異なる。そのような形態への収斂とは別個の過程なのだ。単なる再生産品あるいは科学技術の合理性やスキーマなどに導かれた形態の組み合わせとして解釈できる形態であっても、それは風景の中では、目立たなく配置するという実践が行われるきっかけになる。個別のオブジェクト形態がデザインされる過程として見た場合、先行形態や科学技術に由来する合理性、あるいは文化などは、遂行的行為体として専門家に作用し、そうして作られた形態は、本書の「はじめに」で引いたロウとローレンスのいうように社会や文化の反映として扱うことができよう。しかし作られた形態が顕著に目立つ場合、いい換えれば社会や文化の、あるいは機能の拘束を受けるとき、この状態は感じる者(デザイナーの主体)に違和感を覚えさせ、彼らに対して名付けえぬ魅力を生み出そうとするエージェントとして立ち上がり、デザイナーの各々の主体において目立たぬ配置が行われるきっかけとなる。

社会的な構築物として定着している形態に魅力が感じられないとき、そこには、名付けえぬ魅力が作られるきっかけが生まれる。風景を形成する様々な形態の一部分に限ってみると、これが作られる過程は、既存の形態を誘引子として、デザイン選択モデルのような何らかの規則に従って、新たな形態が組み合わされたという解釈も成り立つ。しかしほとんどの場合、その魅力をたたえた形態は、じかに設計図面などに表すことはできず、試行錯誤が繰り返される。

本事例におけるデザイナーたち(デザイナーの主体)は、専門家として社会的に定位された形態を感覚することをきっかけに、本人たちも意識せずに、社会的に定位されにくいものを全体から見て目立たなくしている。結果として、こうして魅力ある風景を作ろうとしたのだ。

このような形態は目立たないが故に、その形態を含む風景全体を感じる者によっては、気づかれない場合もある。また気づかれた場合であっても、風景中の他の形態要素に埋没してしまう程度のものなので、ルフェーブルのいうような、あるいは鑑賞や解釈の対象となるような作品や、地域性やアイデンティティを反映した象徴物となることはない。よってランドスケープデザインのような公共事業としては行いにくいが、ディズニーランダゼイションのような問題は発生しない。あくまで四章で引用した鳥越がいうように、「気づき」に留まる性質のものなのである。

このような形態は風景の中の一部でなければ、「気づき」としての役目を果たさない。既存の風景を構成する建物や樹木、あるいは街の喧噪などはオブジェクトとして、鑑賞や解釈の対象として扱うことができる。これに対し、事例においてデザイン実践された、単純な形態がデザインされ、その連続が目立たぬ配置とされてゆく過程は、オブジェクトに対して相対的に非オブジェクト的なものを目立たない形で生み出そうとしたものといえる。この形態と配置は、何らかの合理的な機能や社会的な意味だけを表した象徴物としてではなく、風景全体を感じる者一人ひとりに、その意味づけや解釈がゆだねられている。

名付けえぬ風景がデザインされる過程は、何らかの社会的な構築物に収斂する過程ではなく、目立たぬ故に、人々にとって多様な解釈の余地があり、社会的な意味からの逸脱をもたらす可能性がある風景を作り出そうとする営みなのである。

(三) 名付けえぬ魅力のとらえ方

前項で述べた過程は、風景の形態だけに何らかの魅力を探ろうとする近代造園学[江山 一九七七:一一四]などの科学技術からは明らかにできない。また社会や文化の反映としても明らかにはできない。科学技術や文化から見ても、この過程を経て作り出されようとする魅力は特定し切れないのである。たとえ科学技術や文化から特定することができたとしても、それは風景の持つ様々な魅力の一側面でしかない。本書の事例での過程は、科学一般から特定される解釈からは常に抜け落ちる性格のものだ。この魅力が作られる過程をどう解釈すべきだろうか。

本書の事例における風景デザインは、科学技術や文化に導かれて何らかの目的を達成するものではなかった。それはランドスケープデザインでは、科学技術や文化から解釈されている形態、つまりハーシュのモデルでいう前景の中に、背景をまぎれ込ませるものであり、サウンドスケープデザインにおいては、背景的なものを既存の前景の中に埋め込もうとしたものだったのである。これは既存の環境や風景の中に、未知のものをまぎれ込ませる行為である。我々が風景に未知のものを感じるとき、それをそのまま形態に表すのは困難だ。このような場合、デザイナーたちは、それを受け手に気づかせるという実践を行う。

このような前景的なものと背景的なものの混在が、魅力ある風景である。これは風景のデザインにおいて前景的なものをきっかけとして背景的なものへと向うデザイン、または背景的なものをきっかけとして前景的なものを気づかせるデザインとして実践される。デザインされようとする魅力は常に前景と背景からなる全体としてあるものなのである。これ故に風景の魅力は、科学技術や文化の視点からは明確に対象化できない性格のものなのである。

つまり風景の名付けえぬ魅力は、オブジェクトのみとしてはデザインできず、また非オブジェクトのみとしてもデザインできない。最新の材料や技法を使おうと、伝統的な材料を使おうと関係なく、人為的に作られた形態が、あくまで風景全体の中で、せいぜい、「気づき」のきっかけとなるに留まるような、目立たぬ配置とされることによって、オブジェクトと非オブジェクトの間に不安定な形でしか存在できず、公的な文脈においては、前景的なオブジェクトとして説明されてしまうのである。同時に風景全体の中で不安定な要素である故に、これらを感じる者にとっては多義的なものとなって現れ、社会にとらわれない自由な意味づけも可能となるのである。

近代造園学などの科学技術や、それを相対化する文化人類学を含めた科学一般は、我々を取り巻く環境の、様々な機能や意味を特定しようとしてきた。その機能や意味は人間一般にとって普遍的とはいえないまでも、一章で見たように、特定の社会集団においては明らかにすることができる。しかし、同じ社会集団に属していても、人間は一人ひとり微妙に異なるものだ。よって、ある社会集団にとっては一般的な機能や意味であっても、一人ひとりにとって、周囲の環境にその機能や意味以外のものが禁じられた場合、その一人ひとりにとっては、違和感が生じるのは仕方がない。公共性が求められるデザインを含め、どんな形態のデザインにおいても、この違和感を排除することは不可能である。

では、人為的に作られた風景は、ルフェーブルらが危惧したように個々の人々を疎外し続けるのだろうかというと、勿論そうではない。人々は風景を自分なりに感覚することによって、一人ひとり、新たな自分なりの意味づけを行うことができる。このとき、風景の中に機能や意味が顕著ではない、つまり目立たない形態があれば、それはこれから意味づけられる可能性がより高い。

どんな形態からなる環境であっても、それは前景的なものとして、社会的な意味を見出すことができよう。しかし、風景の中には、人間にとって必然的に目立つものと目立たないものがあり、相対的に目立つ形態は象徴などといったオブジェクトとして扱うことができるが、相対的に目立たない形態は社会的意味が薄れ、非オブジェクト的なものからなる背景的なものになり、その分一人ひとりにとって意味づけの可能性が広がるのである。これが前景と背景が相まった風景なのである。

今までの事例で見てきたように、風景の中に、機能や意味を特定できない形態をデザインし、目立たぬように配置する過程は、一人ひとりにとっての、これからの意味づけの可能性を確保する行為と解釈できる。風景という枠組みがあって、この行為が可能になるのである。

二　過程から見る風景

これまでの研究は、風景の中に、科学技術あるいは文化として裏付けられる用途や機能を予見してきた。風景が作られることについても、このような用途や機能を持ったもの、あるいはこれから用途や機能を付与されるものとして扱ってきた。しかし、本書で扱われた事例は、用途や機能を前提としなくても風景を生み出すことが可能であることを示している。

風景は、我々一人ひとりを取り巻く環境全てから現れてくる広大なものだ。このため風景は、それを構成する様々な形態が要素に分解された形で理解しようとされてきた。科学は、この形態要素それぞれを何らかの機能や意味があるものとし、その総和として風景を捉えようとしてきたのである。しかし、科学が風景を構成する要素同士の結び付き方に、何らかの秩序を求めようとしたとき、風景に名付けえぬ魅力を感じ、表現しようという人間の行為は、科学技術や社会的意味の反映とされてしまう。この結果、風景を構成する様々な形態は、あたかも合理的目的の実現や社会の反映のために、その配置が序列化されたものとして記述されてしまう。その合理的目的としては、衛生的な上下水道、効率的な道路交通網やオープンスペース、商工業や住宅などに用途分けされた都市計画であり、社会あるいは文化としていえば、コスモロジーやアイデンティティの反映である。

この考えはまた、風景においては、反映されるべき社会の実現に向けて、形態が序列化されているかのような理解を我々にもたらす。かつては実現されるべきものは、神や支配者のもたらす前空間的な秩序であった。そして現在の都市計画ではそれは任意の目的や効率となった。つまり一章で引いたラビノウのいうオースマン化が空間づくりにおいてめざされ、ある程度の効果を挙げてきたが、同時に風景の画一化は免れない。

これに対し文化人類学的な研究からなされた科学技術への反省は、マイノリティのエンパワーメントを指向する態度につながってゆく。このような研究においてはマイノリティのアイデンティティなどを実現すべきものとして、様々な形態要素が、その重要度から配置されようとする。例えば最近は均一的な都市デザインに対して、マイノリティの主体性を重視する文化人類学的研究がなされている［例えばハイデン 二〇〇二、Low, Taplin & Scheld 2005］。これらのデザインは基本的に、マイノリティの経験を形態上に比喩的に反映させるというものであり、表現の手法を拡張するが、例え均一性を排し、マイノリティを重視するデザインとしても、それは前景的なオブジェクトに純化され、あるいは形態への意味づけが過剰なディズニーランダゼイションとなり、他の意味づけの可能性は排除されてしまう。

これでは科学技術や文化両者の視点から見て近代科学や文化、どちらに転んでも、それは以前からあるものだけを受け継いだ「劣化コピー」であり、ラッシュが批判した図像としてしか評価できなくなってしまう。これは文化人類学が相対化した科学技術と同じ考えであり、風景に名付けえぬ魅力を感じ、またそれを表現しようという行為にとっては、解釈を限定してしまい、かえって窮屈なものにもなりかねない考えでもある。

しかし本書で描かれた風景デザインの過程は、むしろ上のような考えとして説明できない魅力を、風景に込めようという行為であり、これは、人間が社会的存在であっても、その人間の中で、社会が反映されていない部分としての主体性を発揮することによって行われるものといえよう。このような風景を理解するにあたっては、風景そのものや風景を構成する様々な形を、科学技術から見た機能や社会的意味に還元してしまってはならない。このような機能や意味に還元すると、風景はオブジェクトからなる前景的なものとしてしか理解できなくなってしまう。そのような社会性を反映した前景的なものから排除される故に、周辺的なものとなって現れ、あるいは作られる形態もあるのだ。

この場合の周辺というのは、社会の秩序の中で劣位に序列化されているという意味ではない。科学技術から見た機能や社会的意味、優劣などの序列として捉えられない点で、あくまで「気づき」である。この意味における周辺的な形態は、風景全体の中で機能や意味の表れが顕著ではないものとして、我々一人ひとりが持つ主体の部分において感じられ、また作られるのである。このような形態を、便利さなどといった機能や意味として解釈すると、結局は社会の秩序の中に回収され、その範囲でしか魅力を語れなくなってしまう。

このような風景の魅力は、たとえ科学技術など専門家であっても、社会的な役割を離れた主体の感覚においては、何かしら新しいもの＝名付けえぬものであり、またサウンドスケープデザインでいう「気づき」であり、あるいは二章で引用したジェルのいうチンパンジーの罠のように、スキーマを超えて我々に何かを運んでくるものでもある。周辺の環境に溶け込みつつも、社会的意味の格子には回収されず、それでいて何かしら心を引かれる形態なのである。

三　名付けえぬ風景をめざして

このような風景デザインにおける実践の過程を調査することからは、周辺や図像などを継続しつつも、これらに回収されない行為のきっかけとなる様々なことがらが発見できるのではないだろうか。前景に回収されない背景を明らかにしようとする研究は、創造的行為を新たな視点から捉え直し、ものづくりの作業において、これまで機能や意味のあるものとして説明できなかった様々な形態にも選択の幅が広がると評価できる。文化人類学は西洋の科学技術を相対化して、多様な文化を対置することで、科学技術の手法に見直しを迫ってきた。しかし結果的に、形態において地域の特殊な意味性を肥大化させるデザインのきっかけを提供し、近代の合理性とは逆の方向に、地域住民における、風景に対する感性を限定することにもつながった。これの反省としてランドスケープデザインや文化人類学に必要なのは、かくれた次元などを、オブジェクトの形で提示することではなく、本書で問題としてきた、オブジェクトと非オブジェクトを包含した風景全体の中における可能性として捉えるということであろう。

建築学においては既にこのような風景が、新たなデザイン手法として前景化され始めている。宮本佳明が建築デザインにおいて提示した概念に環境ノイズエレメントというものがある。宮本は都市計画上、障害物あるいは異物と見なされ、近代都市計画の中心的理念であるゾーニング制が志向・誘導する景観に雑音雑音をもたらしていると考えられる空間エレメントを、環境ノイズエレメントと呼んでいる[宮本 二〇〇二：八五]。具体的には、都市の中に唐突に残っている廃屋や構造物などのことであり、これらは都市に魅力を与えている場合があるというのである。都市計画などの文脈においては無視されるようなこれらの要素は、人によって意識されている場合もそうではない場合もあり、人それぞれの意識の仕方が自由であるからこそ、一章で紹介したレファレンス・システムなども確保される。これは事例で取り上げた目立たぬ形態のように、風景の中で、前景的なオブジェクトになり切らぬ要素を、背景的な状態としても留保した上で、都市計画の技法の中に前景化させる興味深い試みであろう。

作られる風景の魅力には、科学や文化によって純化されたオブジェクトからなる世界の中に、これまでの科学の視点からは、ともすると排除の対象とされるようなノイズ的要素を、目立たぬように投げ入れる企てもあるといえよう。それは風景全体の中で気づく人は気づくという程度の形態であったが、気づく人はそれを明確なオブジェクトとしてではなく、雑音程度の存在としてしか気づかない性格のものであり、それ故に、少なくとも名付けえぬ魅力が感じられる可能性を提供していた。我々が風景の中に名付けえぬ魅力を感じるとき、その魅力は、本書の冒頭で述べた風景芸術作品から感じられる「人間に飼い馴らされない」、いい知れぬ不気味さといった感情も含まれている。我々の心に、騒々しい音楽や舞踊のような劇的な興奮ではなく、心に静かな印象や動きが感じられるとき、具体的には「トルナーレ日本橋浜町」前の雑踏の中に、異質ではあるが静かなオトの存在を感じるとき、それは風景の中に新たな「気づき」があるということだが、この「気づき」は、これからの社会において、今までの形態の再生産とは異なる行為への契機ともなろう。これが前景化された場合、既にそれは「気づき」ではなく、雑音を通り越しての楽曲や、あるいは騒音である。視覚環境でいえば、意味の取り違えようがないほどに形態の象徴性のみが肥大化したディズニーランダゼイションであり、あるいは広場の中心に象徴的に置かれた芸術作品であり、つまり前景のみであろうとするオブジェクトである。

これに対して風景の中の背景的、ノイズ的な形態情報は、オブジェクトとして扱えても、オブジェクトに回収し切れない魅力として我々に感覚され得る。例えば四章の事例におけるかすかなオトは、単体での鑑賞の対象を意図されていない点で楽曲あるいは実験音楽作品といった、社会的に定位されたオブジェクトとはいえない。オト以外の他の雑多な形態要素と渾然一体となることによって、風景とならねばならないものである。このオトを傾聴すべき前景化したオブジェクトとするためには、オトの音量を上げねばならない。グレゴリー・ベイトソンによると、バリ島の音楽には導入やクライマックスへの移行もなく、ただクライマックスの興奮状態だけが連続する。つまりポピュラー音楽を聴きに集まった者たちが、音楽のさびの部分に熱狂する状態だけが続く。ベイトソンはこれをプラトー状態と呼んでいる［ベイトソン 二〇〇〇：一七八―八〇］。この状態は、我々にとって特定の対象だけに意識が集中している点で、前景に集中した状態といえよう。しかし本書の事例におけるサウンドスケープは前景的な興奮状態ではなく、かといって無意味な静寂、つまり全くの背景的な無感動な状態をもたらしてもいない。「気づき」とは、このような、興奮と無感動の間の状態であり、感覚の上で興奮と無感動のどちらに傾斜するかは人によって異なる点で、感覚に集中を促すのではなく、かすかな波紋を投じる、穏やかな負のプラトーとでもいうべき状態であろう。

当然、これは視覚環境にもあてはまる。ランドスケープデザインの実践の事例において生み出されたものは、庭園芸術、環境芸術やミニマルアートなどにおける「美」が託されていたとしても作品とはいえない。それらは我々にとって意識の集中を呼ぶのではなく、かといって完全に無視されるのでもなく、やはり気づく人は気づくといった形で感覚に浮かび上がってくるものである。これらは単体での意識の集中を呼ぶような作品の対象となることを意図されておらず、他の雑多な形態要素と渾然一体となることによって風景となるものである(1)。そして施工する対象としては、オブジェクト単体として注視できるが、風景全体の中では見過ごされてしまうかもしれない。我々にとって作品鑑賞のように意識を集中させるものではないし、かといって全く無意味な存在でもない。

今まで見てきた事例は社会的な限定的解釈が構築された状態と、無限の解釈のきっかけとなる個的な「気づき」が混在し、かといってその両者の間のどこかにも定位されず、絶えずどちらかに揺れ動く状態でもある。このように、何かに定位できない社会過程は風景のデザインだけに限らないだろう。例えば秋田県角館の祭りでの、山車のぶつけ合いによる勝負では、正しいルールとそのルールへの違反が、規範とそれに対するズレ、つまり個々による実践となって、参加者たち自らが実践を反映させたズレを行うことによって、より深く祭りへと没入してゆく。これについて小西賢吾はいう。

祭りは、単一のゲームに還元できるわけではない。それはある一定レベルで共有されたルールを持つものの、矛盾やあいまいな点を多く含み、複数の「遊び方」を許容するような枠組みである。それによって常に異なる展開がもたらされ、さらにそれに対応する方法を考え実践というサイクルが発生する[小西 二〇〇七：三二二]。

祭りに参加する者は、規範への追従を促され、他方においては同じ者が、規範の隙を突いた行為を行おうとする。規範に追従し、続いて出し抜こうという行為が反復するサイクルにおいては、前者は解釈を限定する前景化の行為、後者はこれから多様な解釈を反映させる背景化の行為にあたる。この事例を風景デザインと対比すると、規範への追従は、図像などの象徴へ集中してゆく再生産に相当する。これに対し規範の隙を突いた行為は、施設や作品、「芸術」などといった図像の形へと象徴化する手前で留まる。それを感覚する者一人ひとりにとっては、注視するほどではなくとも、無視もできない、負のプラトーが感じられてくるのだ。

近代造園学や文化人類学を含めた科学の多くは、このプロセスを前景へ向かう側面としてしか捉えようとしてこなかった。これは風景をオブジェクトへと分割し、我々一人ひとりの解釈の可能性を閉ざす方向へと、表現行為を誘導してしまったのではないか。だから背景的なものを感じ、オブジェクトを何とか組み合わせてそれを表現するという行為は、社会的に認知されにくく、それを行っているデザイナーたち自身にとって意識も説明もしにくいものとなるのである。

このような見方に対し文化的なものを提示することによって、我々にこのようなものにも目を向けさせ、これから作られゆくものへの選択の可能性を広げるきっかけとなったのが、一章で見たリンチやホールの研究といえよう。しかし、これらの後に続いた研究は、近代批判を重視しすぎた嫌いがある。文化人類学は科学技術の普遍性に対して文化や社会を重視するあまり、人間一人ひとりの可能性を封じ込めてしまった。これでは形態をオブジェクトとして、何らかの理工学的機能や社会的意味を読み取ろうとする従来の近代造園学を始めとする都市諸科学の考えと同じく、新しく生まれたものをこれまでのカテゴライズされていた機能や意味の中に収斂させてしまうか、あるいは評価の対象とすることすらできなくさせてしまう。

しかし文化人類学にはもうひとつの方向性も開けている。文化や社会による拘束があると同時に、その背後には文化や社会の格子を超えた実践が、常に、必然的に我々一人ひとりの前に開けているのである。本書で取り上げた風景デザインにおいて、名付けえぬ魅力をめざして、前景と背景の間で揺れ動く人々の行為は、実践の過程の詳細な検討を通してしか捉えることができないものだ。我々が風景を前に、そこにいい知れぬもの、名付けえぬものを感覚するとき、そこには常に我々一人ひとりにとって、科学技術や社会に還元されないものが可能性として開けている。その名付けえぬものに機能や意味を特定するのではなく、また社会や文化に還元するのではなく、全体との関わりの中で成立してゆく様を示すこと、また全体との関わりにおいて成立しゆく可能性を示してゆくこと。これは我々人類が作りゆく未来に、文化人類学が貢献するにあたってのひとつの方向ではないだろうか。本研究は、風景デザインを事例とすることによってその可能性を開くことを試みたものである。

（1）　ベイトソンによる同じバリ島の例を挙げると、バリ絵画においては細かい葉が連続して描画されることによって冗長さの中にノイズが発生し、それが絵画の「魅力」につながっているという［ベイトソン　二〇〇〇：二二四―五］。この絵をひとつの風景とすると、細かい葉は背景的な情報といえよう。

あとがき

ある種の風景が新しい発想とも予感ともつかない想像をかき立てることもある。晩秋の冷え枯れたイタリア庭園、盛夏の休日の誰もいない倉庫街、前人未到の圧倒的な大自然など、人間の疎外された風景に、なぜか個人的な記憶や経験のはるか外側から運ばれてくる、人間的な存在の予感を私は感じている。本書のテーマの根底には、こういった感慨をどう表現するかという、私が解決を渇望している疑問がある。

大学で水産学を専攻した私が全く畑違いの造園や文化人類学という分野に進んだのは、今にして思えば、学生時代の海洋調査で経験したあまりに厳しく、冷たく、恐ろしい北太平洋の波濤が広がる風景に、全ての生命に与えられた豊穣性を感じたからなのだろう。本書によって、その一端は明らかにはなったが、ランドスケープデザインを行うにしろ文化人類学研究を行うにしろ、そういった断絶の果てに見えてくる、暗い生命の豊穣性を表現するには、修行はまだ道半ばといったところである。

本書で繰り返したように現在のランドスケープデザインは即物的な社会還元主義であり、ここで述べてきたような可能性の表現はいまだ難しい。社会は生命の営みの一側面ではあるが、社会還元という方法をとる限り、ランドスケープデザインは、生命の中の、そのまた部分集合である社会という領域の中で、社会を再生産する営みとならざるを得ない。そういった態度からのデザインは社会を超えてなお感じられるある種の断絶と予感を、風景の中から消し去った人畜無害なものに矮小化してしまう。近代科学技術を駆使する立場として仕事を行いつつ、私にはそれがデザイナーとしての倫理にもとる背徳的な行為に感じられ、このことは仕事をする上で非常な苦しみとなった。

私が文化から風景を考えるようになったのは、既存の社会理解だけでは決して得られない存在の可能性を明らかにできると信じたからであった。文化人類学は他者の感覚を通して自分らの常識を覆し、新たな視点を開いてくれる。この新たな視点とは、外国人などといった異なる社会における視点のことではない。自文化であれ、他文化であれ、その社会を超えて新たなものを作り出すきっかけとなり、同時に社会の奥底に隠され、世代を超えて人間の感性を動かすものである。

ところが、私が人類学を学び始めた頃は、近代批判がまだ流行していた時期でもあったようだ。建築の世界ではとっくに恥ずかしい思い出と化していたポストモダンなるものが人類学の世界では二一世紀になっても真面目に語られていた。建築のポストモダンには、一応なりとも新たな発想と可能性への挑戦があったが、人類学のポストモダンは近代批判に終始するだけの無責任なものであった。その姿は、私たち人間の自由な表現を、ただ近代を経験したというだけで取り締まるあの陰惨でむごたらしい旧社会主義諸国の思想警察のあわれなまねごとに私には感じられた(この点ではポストコロニアルだのカルチュラルスタディーズなどと呼ばれるものも同様だが)。特に都市空間をフィールドとした研究にはこの類いが多く、呆れた。近代批判に淫しているこの状況を少なからぬ人類学者たちは苦々しく思っていたようだが、文化人類学にはこういった安手の告発を止められない未熟さがあるように思う。

多くの研究者たちとは異なり、私にとっての文化人類学は風景のみならず工芸や機械など造形実務のための有用なツールである。特に過去の民族誌に記述されてきた異形な「広場」の膨大なデータベースは、私にとっては生命の豊穣性を醸し出すための重要なデザインボキャブラリーである。私は現在、様々な事情から家業を継ぎ、社寺空間のランドスケープデザインにもあたらせていただくようになったが、これも多くの宗教において生命の暗さと可能性の表現が重視される点で私の研究に一脈通じていたからであろう。

人類学者は当り前のように近代科学の粋である飛行機に乗ってフィールドに赴くが、そのような集団からの近代批判は、技術者からすれば、信ずるに足りない軽薄な口上にすぎない。最近は文化人類学も社会貢献が求められているようだが、近代科学の成果を享受しつつ、その批判に終始するよりは、むしろ野生の思考を駆使して、科学者や設計技師と新しい飛行機を開発するなどした方が遙かに世の中に貢献できよう。実際、ランドスケープデザイン以外にも、人類学者の知見はコピー機や新薬開発に応用されており、科学技術における文化人類学の需要と可能性は高いと私は思っている。文化からの知見がこのような創造に参加してこそ、文化人類学は批判や相対化の隘路を抜け出すことができるであろう。それはまた社会を超えての生命の営みに、文化の側から光をあてる刺激的な挑戦となるに違いない。

本書は、私が平成二二年に北海道大学大学院文学研究科に提出した博士論文「名付けえぬ風景をめざして――デザイン実践の現場から」に手を加えて完成したものである。『論文作法』のウンベルト・エコは、自分の指導教官には感謝する必要などないと言っているが、私はそれでも感謝せずにはおれない。北海道大学大学院文学研究科歴史文化論講座の宮武公夫、桑山孝己、小田博志、太田敬子、権錫永、村田勝幸、同芸術学講座の北村清彦の諸先生方に感謝するものである。特に宮武公夫先生は技術者出身の文化人類学者として、私の研究を冷徹な論理と深いセンスから指導してくださった。彼がいなければこの研究が日の目を見ることはなかったであろう。加えて現在私が所属する片桐仏壇店アトリエピアノのスタッフと、京都大学の故足立明先生、私の修士時代の後輩で、北海道情報大学の隼田尚彦先生も謝辞のリストに加えなければならない。文化人類学というフィールドに私がのめり込むきっかけを作ってくれたのはこの皆さんである。また本書に挙げた風景に携わる多くのインフォーマントの皆さん、つまり、技術者や作曲家、計画家諸氏と彼ら彼女らが作り上げた風景のなかで暮らす人々にも感謝したい。本書は平成二四年度北海道大学文学研究科叢書出版助成によって出版されるものであり、機会を与えていただいた各氏に感謝したい。

本書の執筆と校正にあたっては北海道大学出版会の滝口倫子さんに一方ならぬお世話をうけ、何とか上梓することが出来た。北海道大学は志賀重昂の『日本風景論』(明治二七年)や新島善直・村山醸造の『森林美學』(大正六年)といった歴史に残る風景研究を生み出してきた大学である。その同じ大学から卑小ながらも一つの風景論を世に問えるのは、著者として大いに徳とするところである。

本書がランドスケープの関係者や人類学者だけでなく、既存の科学技術や文化、あるいは風景論に飽き足らない人たちに読んでいただければ、著者としては望外の喜びである。

二〇一三年三月

著者

片桐保昭（かたぎり　やすあき）

北海道小樽市に生まれる。北海道大学水産学部，同大学院環境科学研究科修士課程修了後，建設コンサルタントに勤務，のち個人で造園，土木，都市計画設計に従事。また大学等で造園学，まちづくり，CG デザインを教える。その後北海道大学大学院文学研究科博士課程修了，博士（文学）。北海道大学専門研究員を経て現在㈲片桐仏壇店　アトリエピアノ代表として宗教工芸，博物館展示やプロダクトデザイン，寺院境内，ランドスケープの計画設計を行う。研究分野は造園学，科学技術の人類学。

北海道大学大学院文学研究科　研究叢書 23

名付けえぬ風景をめざして
ランドスケープデザインの文化人類学

2013 年 3 月 29 日　第 1 刷発行

著　者　片桐保昭
発行者　櫻井義秀

発行所　北海道大学出版会
札幌市北区北 9 条西 8 丁目　北海道大学構内（〒060-0809）
Tel. 011（747）2308・Fax. 011（736）8605・http://www.hup.gr.jp/

アイワード/石田製本

ISBN978-4-8329-6779-3

図表出典一覧

図 1-1　南米ボロロ族，ケジャラ村の平面図
　出典：クロード・レヴィ=ストロース　1977『悲しき熱帯(下)』川田順造訳，中央公論社，p. 41
図 1-2　トロブリアンド島，オマラカナ村の集落平面図
　出典：ブラニスロウ・マリノウスキー　1968『未開人の性生活』泉靖一・蒲生正男・島澄訳，ぺりかん社，p. 25
図 1-3　ルネサンス期イタリアの理想都市(1615 年頃)
　出典：ポール・ズッカー　1975『都市と広場』大石敏雄監修，加藤晃規・三浦金作訳，鹿島出版会，p. 195
図 1-4　建築家ル・コルビュジェが構想した《輝く都市》(La Ville Radieuse, 1930)
　提供：© FLC/ADAGP, Paris & JASPAR, Tokyo, 2012
B0078
図 1-5　古代エトルリアのテンプルム
　出典：ジョセフ・リクワート　1991『〈まち〉のイデア』前川道郎・小野育雄訳，みすず書房，p. 102
図 1-6　日本のコミュニティのモデル図
　出典：明治大学工学部建築学科神代研究室編　1975『日本のコミュニティ その 1』p. 12
図 1-7　米国，ボストン市住民による町の感覚的な組織化
　出典：Kevin Lynch 1960 The Image of The City. The MIT Press p. 19(一部改変)
図 1-8　デザイン選択モデルにおける非原語コミュニケーションの例
　出典：エイモス・ラポポート　2006『構築環境の意味を読む』花里俊廣訳，彰国社，p. 204
図 1-9　ジェレミー・ベンサムの設計したパノプティコン
　出典：ミシェル・フーコー　1977『監獄の誕生』田村俶訳，新潮社，口絵 17
図 1-10　コスタリカ，サンホセ市中央広場の四阿
　出典：Setha M. Low *On the Plaza: The Politics of Public Space and Culture*, Copyright © 2000. Courtesy of the author and the University of Texas Press
図 1-11　中国，北京の天安門広場平面図
　出典：妹尾達彦　2001『長安の都市計画』講談社，p. 233

図 2-1　カナダ，トロント市のグリーンウェイ(greenway)計画
　提供：Waterfront Regeneration Trust
表 3-1　ランドスケープ業務における作業工程の概要
　作成：筆者
図 3-1　C・A・ペリーが提唱した近隣住区単位
　出典：クラレンス・A・ペリー　1975『近隣住区論』倉田和四生訳，鹿島出版会，p. 122
図 3-2　日本の近隣住区における標準的な公園の配置
　出典：日本公園緑地協会編　2012『平成 24 年度版 公園緑地マニュアル』p. 106
図 3-3　公的には景観と自然に配慮してデザインされた公園内中核施設
　撮影：筆者
図 3-4　地域特性を反映した形態とされた街路灯
　撮影：筆者
図 3-5　デザイン初期におけるエスキースの例
　提供：酒井祐司
図 3-6　デザイン作業が進み，詳細化したエスキースの例
　提供：酒井祐司
図 3-7　デザイナーが実践した，「よい」デザインの公園内施設
　撮影：筆者
図 3-8　リバーサイド・ドライブ・パーク・プレイグラウンド計画
　(Plan of Playground for Riverside Drive Park, 1962)の模型
　出典：Isamu Noguchi, *Riverside Playground*, 1964, Plaster, paint, 4 1/2 × 35-1/2 × 19 1/2 inches, w/box: 9 x 22 1/2 x39 inches, Collection of The Isamu Noguchi Foundation and Garden Museum, New York
図 3-9　モエレ沼公園(2005)
　出典：読売新聞北海道版 2005 年 6 月 30 日朝刊第 6 面(読売新聞社提供)
図 3-10　ランドスケープデザインのプロセス
　作成：筆者
表 4-1　音のデザインの作業工程
　作成：筆者
図 4-1　芦川　聡(1953-1983)
　提供：朝日新聞社
図 4-2　トルナーレ日本橋浜町音源(スピーカ)位置図
　提供：(株)サウンドプロセスデザイン，(株)ラスアソシエイツ(一部改変)
図 4-3　スタジオでの作業
　撮影：筆者
図 4-4　プレゼンテーション資料

提供：(株)サウンドプロセスデザイン(一部改変)
図 4-5　デザインされた音のフレーズ
作成：筆者
図 4-6　トルナーレ日本橋浜町，音のデザインがあしらわれたオープンスペース部の俯瞰
撮影：筆者　　協力：トルナーレ日本橋浜町管理組合
図 4-7　サウンドスケープデザインのプロセス
作成：筆者

参照文献

青木哲人　2005『植民地神社と帝国日本』吉川弘文館

赤坂　信　2005「1930年代の日本における「郷土風景」保存論」『ランドスケープ研究』69(1)：59-65

淺川昭一郎　2007「都市の公園と緑のシステム」『北のランドスケープ――保全と創造』淺川昭一郎編，環境コミュニケーションズ，pp. 39-53

足立　明　2001「開発の人類学――アクターネットワーク論の可能性」『社会人類学年報』27：1-33

アタリ，ジャック　1995『ノイズ――音楽・貨幣・雑音』金塚貞文訳，みすず書房

アパデュライ，アルジュン　2002「グローバル文化経済における乖離構造と差違」門田健一訳，『思想』933：5-31

アレグザンダー，クリストファー　1978『形の合成に関するノート』稲葉武司訳，鹿島出版会

宇野　求・岡河　貢　1997「設計現場における比喩，アナロジー，モデル」『技術知の本質――文脈性と創造性』(新工学知3) 吉川弘之監修，田浦俊春・小山照夫・伊藤公俊編，東京大学出版会，pp. 89-112

江山正美　1997『スケープテクチュア――明日の造園学』鹿島出版会

エリアーデ　1968『大地・農耕・女性』堀一郎訳，未来社

岡田昌彰・北川慎也　2008「テクノスケープ・レトリック論としてのプリミティブ形態の形成景観に関する研究」『ランドスケープ研究』71(5)：909-912

小川博司・庄野泰子・田中直子・鳥越けい子編　1986『波の記譜法――環境音楽とはなにか』時事通信社

片桐保昭　2007「風景研究における実践論的アプローチ」『北海道大学大学院文学研究科研究論集』7：1-20

―――　2008a「創られゆく風景――北海道のランドスケープデザインにおける政治性と実践」『北方人文研究』1：69-85

―――　2008b「ランドスケープデザインを文化の過程として研究する」『形の文化研究』4：37-47

―――　2009「創られゆくあいまいな風景――民族誌的実践からのサウンドスケープデザイン再考」『形の文化研究』5：1-14

カーン，スティーヴン　1993『空間の文化史』浅野敏夫・久郷丈夫訳，法政大学出版局

カーン，ルイス　1975「リヴァーサイド・ドライヴ・パーク遊園地計画」『ルイス・

カーン――その全貌』中村敏男編，エー・アンド・ユー，pp. 243-245
ギデンズ，アンソニー　1993『近代とはいかなる時代か？――モダニティの帰結』松尾精文・木幡正敏訳，而立書房
クック，ニコラス　1992『音楽・想像・文化』足達美比古訳，春秋社
久保明教　2011「世界を制作＝認識する」『現実批判の人類学――新世代のエスノグラフィへ』春日直樹編，世界思想社，pp. 34-53
クリフォード，ジェイムズ　1996「序論――部分的真実」『文化を書く』ジェイムズ・クリフォード，ジョージ・マーカス編，足羽与志子ほか訳，紀伊國屋書店，pp. 1-50
―――　2003『文化の窮状――二十世紀の民族誌，文学，芸術』太田好信ほか訳，人文書院
グレーザー，B. G.，ストラウス，A. L.　1996『データ対話型理論の発見――調査からいかに理論をうみだすか』後藤　隆・大出春江・水野節夫訳，新曜社
ケプラー，ヨハネス　1974「天体運動の完全な和声について」渡辺正雄訳『原典による自然科学の歩み』玉虫文一・木村陽二郎・渡辺正雄編，講談社，pp. 67-78
国土交通省都市・地域整備局都市計画課・公園緑地課監修　2007『新編緑の基本計画ハンドブック』日本公園緑地協会
ゴドウィン，ジョスリン　1990『星界の音楽 神話からアヴァンギャルドまで――音楽の霊的次元』斉藤栄一訳，工作舎
小西賢吾　2007「興奮を生み出し制御する――秋田県角館，曳山行事のメカニズム」『文化人類学』72(3)：303-325
小沼純一　1997『ミニマル・ミュージック――その展開と思考』青土社
小林致広　1978「付論 アステカの世界像」『環境と文化――人類学的考察』石毛直道編，日本放送出版協会，pp. 302-310
サイモンズ，ジョン・オームズビー　1967『ランドスケープ・アーキテクチュア』久保貞訳，鹿島出版会
佐々木葉二　2000「都市とランドスケープの諸相」『ランドスケープ空間の諸相』京都造形芸術大学編，角川書店，pp. 2-35
シェーファー，R. マリー　1986『世界の調律』鳥越けい子・庄野泰子・若尾裕・小川博司・田中直子訳，平凡社
ジッテ，カミロ　1983『広場の造形』(SD選書175)，鹿島出版会
白幡洋三郎　1995『近代都市公園史の研究――欧化の系譜』思文閣出版
シール，フィリップ　1967「過程的建築」『建築文化』243：126-131
杉尾邦江　1995「ベンサム及び功利主義者がイギリスの公園成立に及ぼした影響とその貢献に関する考察」『ランドスケープ研究』58(5)：45-48
ズッカー，ポール　1975『都市と広場――アゴラからヴィレッジ・グリーンまで』大石敏雄監修，加藤晃規・三浦金作訳，鹿島出版会

妹尾達彦　2001『長安の都市計画』講談社，p. 233
――――　2004「首都と国民広場」『〈都市的なるもの〉の現在――文化人類学的考察』関根康正編，東京大学出版会，pp. 272-317
関根康正　2007「ストリートという縁辺で人類学する――「ストリート人類学」の提唱」『民博通信』116：2-6
田浦俊春　1997a「プロセス知の視点」『技術知の位相――プロセス知の視点から』(新工学知 1)，吉川弘之監修，田浦俊春・小山照夫・伊藤公俊編，東京大学出版会，pp. 65-77
――――　1997b「設計開発プロセスの喩え」『技術知の本質――文脈性と創造性』(新工学知 2)，吉川弘之監修，田浦俊春・小山照夫・伊藤公俊編，東京大学出版会，pp. 69-87
高橋順一　1987「捕鯨の町の町民アイデンティティーとシンボルの使用について」『民族学研究』52(2)：158-167
高橋理喜男　1986「近代の造園」『造園学』高橋理喜男・井手久登・渡辺達三・亀山章・勝野武彦・輿水　肇，朝倉書店，pp. 81-91
多田　治　2000「日常生活の美学化と美的再帰性」『早稲田大学社会学年誌』41：65-79
田辺繁治　2002「日常的実践のエスノグラフィ」『日常的実践のエスノグラフィ――語り・コミュニティ・アイデンティティ』田辺繁治・松田素二編，世界思想社，pp. 1-38
田村　剛　1935「郷土風景とその保存の急務」『風景』2(3)：6-7
俵　浩三　1979『北海道の自然保護――その歴史と思想』北海道大学図書刊行会
土居義岳　1997『言葉と建築――建築批評の史的地平と諸概念』建築技術
ド・セルトー，ミシェル　1987『日常的実践のポイエティーク』山田登世子訳，国文社
トマス，キース　1989『人間と自然界――近代イギリスにおける自然観の変遷』山内昶監訳，中島俊郎・山内　彰訳，法政大学出版局
鳥越けい子　1989「サウンドスケープ(Soundscape)」『造園雑誌』52(4)：338-340
――――　1997『サウンドスケープ――その思想と実践』(SD 選書 229)，鹿島出版会
ナイマン，マイケル　1992『実験音楽――ケージとその後』椎名亮輔訳，水声社
中川　理　1997『偽装するニッポン――公共施設のディズニーランダゼイション』彰国社
中川　真　1997「アートとサウンドスケープ」『現代のエスプリ』354：170-178
中村英樹　1992「古典的知覚を超える風景」『現代思想』青土社，20(9)：148-161
中埜　肇　1989『空間と人間――文明と生活の底にあるもの』中公新書，中央公論社
日本公園緑地協会編　2012『平成 24 年度版 公園緑地マニュアル』日本公園緑地協会
根本哲夫　2000「「あいまいさ」の空間作法」『ランドスケープ空間の諸相』京都造形芸術大学編，角川書店，pp. 56-77
ノグチ，イサム　1975「ルイス・カーンについて」『ルイス・カーン――その全貌』中

村敏男編，エー・アンド・ユー，pp. 244-245
ハイデン，ドロレス　2002『場所の力――パブリック・ヒストリーとしての都市景観』後藤春彦・篠田裕見・佐藤俊郎訳，学芸出版社
ハーヴェイ，デビッド　1999『ポストモダニティの条件』吉原直樹訳，青木書店
ハワード，エベニーザー　1907『田園都市』内務省地方局有志編纂，博文館
平川秀幸　1999「科学の文化研究」『科学を考える――人工知能からカルチュラル・スタディーズまで14の視点』岡田　猛・田村　均・戸田山和久・三輪和久編，北大路書房，pp. 212-237
平松幸三・卜田隆嗣・谷村　晃・鳥越けい子　1997「サウンドスケープをめぐって――その受容とひろがり」『現代のエスプリ』354：9-39
フーコー，ミシェル　1977『監獄の誕生――監視と処罰』田村　俶訳，新潮社
藤田治彦　1989『風景画の光――ランドスケープ・ヨーロッパ・知の掠奪』講談社
藤永　茂　1999「科学者のエートス」『専門家集団の思考と行動』岩波書店，pp. 55-82
ブルデュー，ピエール　1989『ディスタンクシオン――社会的判断力批判Ⅰ』石井洋二郎訳，新評論
フレイザー，ダグラス　1984『未開社会の集落』渡辺洋子訳，井上書院
ベイトソン，グレゴリー　2000「バリ――定常型社会の価値体系」『精神の生態学 改訂第2版』佐藤良明訳，新思索社，pp. 173-198
―――　2000「プリミティブな芸術の優美と情報」同上，pp. 199-235
ペリー，アーサー・クラレンス　1975『近隣住区論――新しいコミュニティ計画のために』倉田和四生訳，鹿島出版会
ベルク，オギュスタン　1993『都市のコスモロジー――日・米・欧都市比較』(講談社現代新書 1178)，篠田勝英訳，講談社
北海道開発コンサルタント株式会社25年史編集委員会編　1980『北海道開発コンサルタント株式会社25年史』北海道開発コンサルタント株式会社
ホーム，ロバート　2001『植えつけられた都市――英国植民都市の形成』布野修司・安藤正雄監訳，アジア都市建築研究会訳，京都大学学術出版会
ホール，エドワード・T.　1970『かくれた次元』日高敏隆・佐藤信行訳，みすず書房
槇　文彦・若月幸敏・大野秀敏・高谷時彦　1980『見えがくれする都市――江戸から東京へ』(SD選書 162)，鹿島出版会
マートン，ロバート・K.　1961『社会理論と社会構造』森　東吾・森　好夫・金沢　実・中島竜太郎訳，みすず書房
マリノウスキー，ブラニスロウ　1968『未開人の性生活』泉靖一・蒲生正男・島　澄訳，ぺりかん社
三浦　展　2004『ファスト風土化する日本――郊外化とその病理』洋泉社
宮城俊作　1993「環境芸術家とランドスケープデザイナーによる共働関係の諸相」『造園雑誌』56(5)：373-378

宮武公夫　2000『テクノロジーの人類学』岩波書店
宮本佳明　2002「住宅地の環境形成において環境ノイズが果たす役割の研究」『住総研研究年報』29：85-95
村上修一　2002「トーマス・D・チャーチの空間形態にみる曖昧性」『ランドスケープ研究』65(5)：401-406
村武精一　1994「宇宙論」『文化人類学事典』弘文堂，p. 91
村本由紀子　1996「集団と集合状態の曖昧な境界――早朝の公園で見出される多様なアイデンティティ」『社会心理学研究』12(2)：113-124
明治大学工学部建築学科神代研究室　1975「日本のコミュニティ　その1」『SD別冊』7
屋代雅允・田島　泰・栗原　裕　2006「街並み景観をダメにしている公共施設のデザイン」『日本の街を美しくする』土田旭・都市問題研究会編，学芸出版社，pp. 36-47
柳　五郎　1982「公園設置の近代化」『造園雑誌』46(2)，pp. 87-101
柳父　章　1978『翻訳文化を考える』法政大学出版局
山岸美穂・山岸　健　1999『音の風景とは何か――サウンドスケープの社会誌』(NHKブックス 853)，日本放送出版協会
山口昌男　1975『文化と両義性』岩波書店
ヤンマー，マックス　1980『空間の概念』高橋　毅・大槻義彦訳，講談社
ラッシュ，スコット　1997『ポスト・モダニティの社会学』清水瑞久ほか訳，法政大学出版局
ラトゥール，ブルーノ　1999『科学が作られているとき――人類学的考察』川崎　勝・高田紀代志訳，産業図書
ラポポート，アモス　1987『住まいと文化』山本正三・佐々木史郎・大嶽幸彦訳，大明堂
ラポポート，エイモス　2006『構築環境の意味を読む』高橋鷹志監訳，花里俊廣訳，彰国社
リッツァ，ジョージ　1999『マクドナルド化する社会』正岡寛司訳，早稲田大学出版部
リクワート，ジョセフ　1991『〈まち〉のイデア――ローマと古代世界の都市の形の人間学』前川道郎・小野育雄訳，みすず書房
リーチ，エドマンド　1981『文化とコミュニケーション』青木　保・宮坂啓造訳，紀伊國屋書店
リンチ，ケヴィン　1968『都市のイメージ』丹下健三・富田令子訳，岩波書店
ルフェーブル，アンリ　2000『空間の生産』斎藤日出治訳，青木書店
レヴィ=ストロース，クロード　1972『構造人類学』荒川幾男ほか訳，みすず書房
――――　1976『野生の思考』大橋保夫訳，みすず書房
――――　1977『悲しき熱帯(下)』川田順造訳，中央公論社
レヴィ=ブリュル　1956『未開社会の思惟(上)』山田吉彦訳，岩波書店
ローズマン，マリナ　2000「移りゆく風景」井本美穂訳『自然の音・文化の音――環境

との響きあい』(講座人間と環境11)，山田陽一編，pp. 90-13，昭和堂
若林幹夫　2007『郊外の社会学――現代を生きる形』(ちくま新書649)，筑摩書房
若宮眞一郎　2007『音のデザイン――感性に訴える音をつくる』九州大学出版会
渡辺　裕　1989『聴衆の誕生――ポスト・モダン時代の音楽文化』春秋社
ワタリウム美術館編　1996『PLAYMOUNTAIN イサム・ノグチ＋ルイス・カーン』マルモプランニング

BLOCH, Maurice　1995 *People into Places: Zafimaniry Concepts of Clarity*. In *The Anthropology of Landscape*. Eric HIRSCH and Michael O'HANLON(eds.), Oxford University Press, pp. 63-76

BOURDIEU, Pierre　1977 *Outline of a Theory of Practice*. trans. Richard Nice Cambridge University Press

CALLON, Michel, LAW, John and RIP, Arie (eds.)　1986 *Mapping the Dynamics of Science and Technology: Sociology of Science in the Real World*. The Macmillan Press

CALLON, Michel　1986 The Sociology on an Actor-Network: The Case of the Electric Vehicle. In *Mapping the Dynamics of Science and Technology: Sociology of Science in the Real World*. Michel CALLON, John LAW, and Arie RIP (eds.), The Macmillan Press, pp. 19-34

COOPER, Matthew　1999 Spatial Discourses and Social Boundaries. In *Theorizing the City*. Setha M. LOW(eds.), Rutgers University Press, pp. 377-399

FOUCAULT, Michel　2003(2007) *Lectures at the Collège de France, 1975-76/Michel Foucault*. Mauro BERTANI and Alessandro FONTANA (eds.), trans. David Macey. Picador.
(『社会は防衛しなければならない：コレージュ・ド・フランス講義1975-1976』石田英敬・小野正嗣訳，筑摩書房)

――― 1986 Of Other Spaces. trans. Jay Miskowiec. *diacritics*. spring: 22-27.

GELL, Alfred　1998 *Art and Agency: An Anthropological Theory*. Oxford University Press.

――― 2006a On Coote's 'Marvels of Everyday Vision. In *The Art of Anthropology*. Eric HIRSH (eds.), Berg, pp. 215-231

――― 2006b Vogel's Net. In *The Art of Anthropology*. Erick HIRSH (eds.),. Berg, pp. 187-213

GOODMAN, Robert　1971 *After the Planners*. Simon and Schuster.

GUO, Pei-yei　2003 'Island Builders': Landscape and Historicity among the Langalanga, Solomon Islands. In *Landscape Memory and History*. Pamela J. STEWART and Andrew STRATHERN (eds.), Pluto Press, pp. 189-209

HENDERSON, Kathryn 2006 Ethics, Culture and Structure in the Negotiation of Straw Bale Building Codes. *Science, Technology and Human Values*. 31(3): 261-288

HIRSH, Eric 1995 Introduction. In *The Anthropology of Landscape*. Eric HIRSH and Michael O'HANLON (eds.), Oxford University Press, pp. 1-30

HOLSTON, James 1999 The Modernist City and the Death of the Street. In *Theorizing the City*. Setha M. LOW, (eds.), Rutgers University Press, pp. 245-276

HOWARD, Ebenezer 1902 *Garden Cities of To-Morrow*. Swan. Sonnenschein

JACOBS, Jane 1961 (2010) *The Death and Life of Great American Cities*. Randam House
([新版]『アメリカ大都市の死と生』山形浩生訳，鹿島出版会)

JAMESON, Fredric 1985 Postmodernism and Consumer Society. In *Postmodern Culture*. Hal FOSTER (eds.), Pluto Press, pp. 111-125

KATAGIRI, Yasuaki 2007 Shaping Experiences of Landscape and Soundscape Design. *Journal of the Graduate School of Letters*. 2: 75-87

KATAGIRI, Yasuaki and MITSUE, Masahiro 2006 Open Spaces of Traditional Societies. *Journal of Landscape Architecture in Asia*. 2: 39-44

KEPLER, Johannes 1619 *Harmonice Mundi*

LATOUR, Bruno 1993 (2008) *We Have Never Been Modern*. trans. Catherine PORTER. Harvard University Press
(『虚構の「近代」――科学人類学は警告する』川村久美子訳，新評論)

——— 2005 *Reassembling the Social: An Introduction to Actor-Network-Theory*. Oxford University Press

LATOUR, Bruno and WOOLGAR, Steve 1986 *Laboratory Life*. Princeton University Press

LEBRA, Takie Sugiyama 1992 The Spatial Layout of Hierarchy. In *Japanese Social Organization*. Takie SUGIYAMA-LEBRA(eds.), University of Hawaii Press, pp. 49-78

LEFEBVRE, Henri 1974 *La Production de l'Espace*. Èditions Anthropos

LOW, Setha M. 2000 *On the Plaza: The politics of Public Space and Culture*. University of Texas Press

——— 1998 Specializing Culture: The Social Production and Social Construction of public Space in Costa Rica. *American Ethnologist*. 23(4): 861-879

——— 1996 The Anthropology of Cities. *Annual Revue of Anthropology*. 25: 383-409

LOW, Setha M. and ALTMAN, Irwin 1992 Place Attachment: a Conceptual Inquiry. In *Place Attachment*. Setha M. LOW and Irwin ALTMAN (eds.), Plenum Press, pp.

1-12
LOW, Setha M. and LAWRENCE-ZÚÑIGA, Denise 2003 Locating Culture. In *The Anthropology of Space and Place*. Setha M. LOW and Denise LAWRENCE-ZÚÑIGA (eds.), Blackwell, pp. 1-47

LOW, Setha M., TAPLIN, Dana and SCHELD, Suzanne 2005 *Rethinking Urban Parks*. Texas University Press

LYNCH, Kevin 1960 *The Image of the City*. The MIT Press.

MODY, Cyrus. C. 2005 The Sounds of Science: Listening to Laboratory Practice. *Science, Technology and Human Values*. 30(2): 175-198

MUNN, Nancy D. 2003 Excluded Space. In *The Anthropology of Space and Place*. Setha M. LOW and Denice LAWRENCE-ZÚÑIGA (eds.), Blackwell, pp. 92-109

MCDONOGH, Gary 1993 Geography of Emptiness. In *The Cultural Meaning of Urban Space*. Robert ROTENBERG and Gary MCDONOGH (eds.), Bergin & Garvey, pp. 3-15

——— 1999 Discourses of the City. In *Theorizing the City*. Setha M. LOW (eds.), Rutgers University Press, pp. 342-376

NOGUCHI, Isamu 1964 *Riverside Playground*. Collection of The Isamu Noguchi Foundation and Garden Museum, New York

PELLOW, Deborah 1996 Introduction. In *Setting Boundaries*. Deborah PELLOW (eds.), Bergin & Garvey, pp. 1-8

PERRY, Clarence Arthur 1929 *The Neighborhood Unit*. Regional Plan of New York

PINCH, Trevor and BIJIKER, Wiebe E. 1987 Social Construction of Facts and Artifacts. In *The Social Construction of Technological Systems*. Wiebe E. BIJIKER, Thomas P. HUGHES and Trevor PINCH (eds.), The MIT Press, pp. 17-50

RABINOW, Paul 2003 Ordonnance, Discipline, Regulation: Some Reflections on Urbanism. In *The Anthropology of Space and Place*. Setha M. LOW and Denice LAWRENCE-ZÚÑIGA (eds.), Blackwell, pp. 353-362

RAPOPORT, Amos 1969 (1987) *House Form and Culture*. Prentice-Hall

——— 1976 Sociocultural Aspects of Man-Environment Studies. In *The Mutual Interaction of People and Their Built Environment*. Amos RAPOPORT (eds.), Mouton Publishers, pp. 7-35

——— 1990 (2006) *The Meaning of the built Environment*. The University of Arizona Press
(『構築環境の意味を読む』高橋鷹志監訳，花里俊廣訳，彰国社)

ROSEMAN, Marina 1998 Singers of the Landscape. *American Anthropologist*. 100(1): 106-121

ROTTENBERG, Robert 1995 Landscape and Power in Vienna. In *Theorizing the City*.

Seta M. Low (eds.), Rutgers University Press, pp. 138-165

Santos-Granero, Fernando 1998 Writing History into the Landscape: Space, Myth, and Ritual in Contemporary Amazonia. *American Ethnologist*. 25(2): 128-148

Schafer, R. Murray 1977 *The Tuning of the World*. Knopf

Soja, Edward W. 1992 Inside Exopolice. In *Variations on A Theme Park*. Michel Sorkin (eds.), Hill & Wang, pp. 94-122

Sterne, Jonathan 2003 Sounds Like Mall of America. In *Music and Technoculture*. R. T. A. Lysloff and L. C. Gay Jr. (eds.), Wesleyan University Press, pp. 316-345

Stewart, Pamela J. and Strathern, Andrew (eds.) 2003 *Landscape, Memory and History*. Pluto Press

Strauss, Claudia 1992 Models and Motives. In *Human Motives and Cultural Models*. R. D'Andrade and C. Strauss (eds.), Cambridge University Press, pp. 1-20

Tacci, Jo 2002 Radio Texture. In *The Anthropology of Media*. Kelly Askew and Ricard R. Wilk (eds.), Blackwell, pp. 241-257

Toren, Christina 1995 Seeing the Ancestral Sites. In *The Anthropology of Landscape*. Erick Hirsh and Michael O'Hanlon (eds.), Oxford University Press, pp. 163-183

Vale, Lawrence J. 1992 *Architecture, Power, and National Identity*. Yale University Press

Voigt, Wolfgang 1989 The Garden City as Eugenic Utopia. *Planning Perspectives*. 4: 295-312

Weiner, James F. 1991 *The Empty Place: Poetry, Space, and Being among the Foi of Papua New Guinea*. Indiana University Press

Wright, Gwendolyn 1991 *The Politics of design in French Colonial Urbanism*. The University of Chicago Press